KB163373

평범한 아이를 위대하게 키우는 엄마의 센스

남들과 다르게 2세, 3세, 4세, 5세를 위한

수학지능 능력을 키워주는 지능계발

DH유아지능계발연구소

Develop One's Intellectual powers

평범한 아이를 위대하게 키우는 엄마의 센스

수학지능 능력을 키워주는 지능계발

초판 1쇄 인쇄 - 2022년 07월 27일
지은이 - DH유아지능계발연구소
편집 제작 - 행복을만드는세상
발행처 - 꿈이있는집플러스
발행인 - 이영달
출판등록 - 제2018-14호
서울시 도봉구 해등로 12길 44 (205-1214)
마케팅부 - 경기도 파주시 탄현면 금산리 345-10(고려물류)
전화 - 02) 902-2073
Fax - 02) 902-2074

ISBN 979-11-973405-8-1 (03370)

메타버스(가상현실)와 AI(인공지능)에 맞는 조기교육법

엄어지능 발달과
표현능력 지능을 키워주는
이야기를 만들어 봐요

그림을 보여주고 이야기를
만들게 하여표현능력과 창의력 지능을
길러줍니다.

지각능력 지능과 추리력 발달을
키워주는 지능계발
숨은 동물을 찾아봐요

일부분을 보고 전체를 생각하게 하여, 지각 · 추리 · 관찰력
훈련을 한다.
아이가 정확하게 동물 이름을 말하면 엄마는 그 동물에 대한 상세한
특징을 쉽게 이해할 수 있도록 설명해준다.

평범한 아이를 위대하게 키우는 엄마의 센스

남들과 다르게 2세, 3세, 4세, 5세를 위한

수학지능 능력을
키워주는 지능계발

DH유아지능개발연구소

Develop One' s Intellectual powers

창의력지능 발달과 구성능력을
키워주는 지능계발
종이를 잘라봐요

종이를 잘라서 여러 가지 도형을 만들며
구성력을 길러 준다.
한 가지 도형을 기준으로 한 조합으로
다양한 도형이 있다는 것도 알려준다.

지각능력지능 발달과
주의력을 키워주는 지능계발
글자를 구별해 봐요

같은 글씨를 발견시켜 지각, 관찰력,
주의력을 높여 줍니다.
아이의발달에맞게 영어 알파벳 영어로 해보면
숫자로도 하면 지능이 쑥쑥 발달합니다.

사회적상호작용 지능
발달을 촉진하는
모양을 맞춰볼까요?

아이 입 속에 있는 맛과 향을 맞추는 놀이있는
경험을 통해 자신감을 기르고 상호작용을 통해서
친밀감을 증진시키는 효과가 있다.

꿈이있는집플러스

책을 보면서

 아이들은 무한한 가능성을 가지고 있습니다. 그러나 그냥 내버려두거나 방임하게 되면 성장의 가능성을 꽃 피우지 못하고 계발되지 못한 체 사라지고 맙니다. 이런 아이들의 가능성을 발견하여 길러주는 것에도 적당한 시기가 있습니다. 늦게 발달하는 경우도 있지만 그런 유아는 노력에 비하여 효율성이 떨어지며 교육을 받더라도 한계가 나타나는 법입니다. 그래서 적절한 유아기부터 좋은 환경을 만들어 주고, 잠재되어 있는 아이의 가능성을 계발하여 줄 수 있는 지능발달 놀이가 필요한 것이고 성장하여 사회에 적응할 수 있는 예절과 사회규범을 가르쳐 주는 것이 좋습니다.

 사람의 두뇌 발달은 유아기부터 어린아이일 때 급격하게 성장을 합니다. 높은 정신 활동은 말할 것도 없이 대뇌피질에서 행해져 그 기능이 머리의 양부를 결정하는 것이지만, 그 뇌의 기능은 140억 개라고 하는 방대한 뇌세포로부터 돌기가 나와 이것이 복잡하게 서로 결합하고 얽혀감으로써 발휘된다고 합니다.

 그 뇌세포의 서로 얽히는 일의 60%가 이미 3세 정도에 완성된다고 하니 놀라운 일이기도 합니다. 그러나 이러한 뇌세포의 성장은 5~6세 전후와 10세 전후에 다시 급커브를 그리면서 성장하게 되고 초등학교 졸업 때까지 사람의 대뇌는 약 90퍼센트가 완성됩니다. 그 후에도 서서히 진행되어 17~8세부터 늦어도 20세까지 인간의 뇌의 발달은 절정에 이르러 하드웨어로서의 뇌가 완성되는 것입니다.

 유아기에는 아이의 정신구조가 아직 미분화된 시기라서 어느 한 능력만을 발달시킨

다는 것은 무리입니다. 하나의 놀이는 여러 능력지능과 연결이 되어 있어서 종합적으로 발달하게 됩니다.

 유아기의 아이는 발달에 개인차가 있습니다. 아이가 어렵다고 하는 아이도 있을 것이고 쉽다고 하는 아이도 있을 것입니다. 어려워하는 아이에게는 무리하게 시키지 마시고 할 수 있는 쉬운 것부터 시작하여 아이의 흥미를 이끌어 주시는 것이 중요하고 쉽다고 생각하는 아이에게는 변형시켜서 난이도를 올려 가시면 좋은 지능발달의 시간이 될 것입니다.

수학지능 능력을 키워주는 지능계발

chapter 1
지능이란 무엇일까요?

chapter 2
지능을 발달시키기 위해서 어떻게 해야 할까요?

chapter 3
우리 아이 수학지능 능력이 쑥쑥 자라는 지능계발

chapter 4
유아의 시기는 어떤 시기일까요

평범한 아이를 위대하게 키우는 엄마의 센스

남들과 다르게 2세, 3세, 4세, 5세를 위한

수학지능 능력을 키워주는 지능계발

DH유아지능계발연구소

Develop One's Intellectual powers

지능발달 놀이는 강제로 시켜서는 절대로 안 된다.

해봐서 재미있고 유쾌하며 스스로 추진하고 자발적으로 하는 활동이 놀이이다. 즐겁지도 않은데 억지로 하는 것은 놀이가 아니다. 부모로서는 아이와 함께 즐길 정도의 여유를 가져서 말을 주고받는 것

만이 아니라 온몸을 움직이거나 손을 사용하여 만들거나 조립하면서 아이가 즐겁게 놀이를 계속하게끔 분위기를 만들어 주는 것이 좋다.

각각의 '지능발달놀이'에는 지도와 놀이 방법의 요점 및 방법이 쓰여 있으며 우선 전체적인 이용법을 살펴본다.

• 놀이마다 이름이 붙어 있으며, 언어 혹은 운동 등 어떤 능력을 길러주는지 나타내고 있다. 중요한 주제는 써두었지만, 종합적으로 발전시켜서 폭넓게 이용하면 된다.

• 책에 쓰여 진 놀이의 내용에만 의존할 것이 아니고 될 수 있는 대

로 실생활과 연결시켜서 실물을 생각해 내게 한다거나, 실제로 사용하면서 가르쳐 주어야 한다. 자연과 사회 등을 이해하려면 특히 경험이 필요하다. 놀이를 기초로 생활 경험을 풍부하게 해주면 장래가 즐겁다.

• 잘 하지 못할 때에도 바로 올바른 답을 가르쳐 주지 말고 스스로 다시 한 번 생각하는 태도를 익히게 하여 자주성과 자발성을 키워주어야 한다. 그래도 못 할 때에는 힌트를 조금 주어서 스스로 답을 유도해 주는 것이 좋다.

• 잘하면 반드시 칭찬해 주어야 한다. 아이는 칭찬을 받으면 의욕이 높아지고 머리 회전도 빨라지며 거침없이 '놀이'에 집중하여 더 잘하게 되고 기억력도 더 나아지게 된다. 물론 틀려도 꾸짖는 것은 절대 해서는 안 된다.

• 어려워서 놀이를 잘 이해하지 못할 경우에도 며칠을 두고 반복해서 시키면 사고력과 관찰력이 깊어지고 기억도 정확해져 곧 할 수 있게 된다.

• 아이가 피곤하거나 졸려서 기분이 나쁜 경우는 다음 기회에 다시

한다. 흥미가 다른 데로 옮겨갔으면 너무 무리하게 강제로 시키지 않도록 한다.

- 놀이는 책의 순서에 맞춰서 하지 않아도 상관없다. 계절이나 행사, 일상생활에 맞춰서 적당하게 한다.

- 놀이가 조금 쉽거나 조금 어려운 아이에게는 놀이를 좀 더 발전시키거나 놀이 방법을 자세히 설명해 주어서 아이의 흥미와 능력에 맞추어 준다.

아이의 수학지능능력 발달 과정은 이렇습니다.

논리 수학적 지능 능력은 수를 정확하게 이해하고 수로 연결되어 있는 관념을 잘 터득하여 능숙하게 사용하는 능력입니다.
전문적인 수학을 공부하는데 꼭 필요로 하는 잠재 능력이기도 합니다.

2세 전까지는 논리 수학적 지능은 숫자의 개념을 모르는 나이입니다.
누군가 몇 살이냐고 물으면 손가락 두 개를 펴 보이지만 그것은 엄마가 가르친 습관일 뿐이지 두 개의 숫자는 모릅니다. 그러나 사탕을 세 개 주었다가 하나를 뺏거나 더 주거나 하면 아이는 직감적으로 양의 증감을 의식하는 논리 수학적 지능 시기입니다.

3~4세의 논리 수학적 지능은 5까지 셀 수 있고 빠르면 10가지 그 이상도 셀 수가 있는 시기입니다.

그러나 단순히 수에 대한 이해만으로 지능이 발달하지는 않습니다.

논리 수학적 지능 능력은 숫자가 많고 적음을 알아야 하고 시간, 속도. 깊이, 높이, 넓이, 무게 등 여러 가지를 합쳐서 말하는 것입니다.

생활 속에서 자연스럽게 이해하게 한다면 아이는 재미있어 하며 논리 수학적 지능 능력이 빠르게 발달합니다.

5~6살의 논리 수학적 지능 능력은 13~20개의 물건을 손가락으로 집어서 셀 수 있으면 표준입니다.

이 시기는 숫자를 세고 쓰기도 하고 더하기와 빼기도 작은 수는 할 수 있는 시기입니다.

길이와 넓이, 높이와 깊이 두께와 무게 등을 알 수 있는 나이이고 평면도형과 입체 도형을 이해 할 수 있는 나이입니다.

월스트리트저널에 연재 되었던
수학 잘하는 아이로 만드는 방법입니다.

수학을 싫어하는 부모들은 자녀도 수학을 싫어할까봐 걱정하는 경향이 있습니다.

알래스카의 법원공무원 태미 졸리도 그중 한명입니다. 고등학교와 대학시절 수학과 통계 때문에 고생한 그녀는 아홉 살 난 아들의 산수 숙제를 도와줄 때면

"쉬운 건데 왜 이해를 못하니?"

라고 소리 지르고 싶을 때가 많지만 꾹 참고 격려해준다고 합니다.

학계연구는 수학이 아동의 성공에 끼치는 중요성을 새로운 시각에서 보여주고 있습니다. 발달심리학 학회지에 2007년 게재된 연구에 따르면 유치원 입학 당시 수학능력이 집중력이나 독해능력 보다 앞으로의 성적과 상관관계가 높다고 합니다.

이에 따라 미국학생의 수학실력에 많은 관심이 집중되고 있습니다. 2010년 국제학업성취도평가에서 미국학생들은 다른 선진국 33개국 평균치보다 낮은 수학성적을 기록하며 지속적으로 뒤떨어지는 성과를 보였습니다.

부모는 유아기부터 자녀의 수학에 대한 태도와 수학능력에 크나큰 영향을 끼칩니다. 수잔 레빈 시카고대학 심리학교수가 주관한 연구에서는 유아 44명과 부모를 조사한 결과 4세 자녀에게 숫자에 대해 자주 이야기하고 동작과 단어로 공간관계에 대해 설명하는 부모가 더 나은 수학능력을 심어줄 수 있다는 결론이 도출되었습니다.

그럼에도 많은 부모는 아이들이 수학을 무서워하도록 무의식적으로 교육시킵니다. 자녀가 수학에 관한 질문을 하거나 숙제를 도와달라고 했을 때

"수학에 약한데"

또는

"수학을 안 한지 너무 오래 됐다"고

답하는 부모는 수학이 무섭고 나도 할 수 없다는 생각을 자녀에게 심어준다고 수학교육전략웹사이트 MathFour.com 관계자 본 크라우더는 말합니다.

수학을 싫어하는 부모가 수학에 능통한 자녀를 키우는 것도 가능하지만 부모행동이 변해야 합니다. 수학에 대해 부정적인 이야기를 하지 않고 독서와 스펠링처럼 수학게임과 퀴즈를 일과에 포함시키는 한편 자녀에게 어려운 수학문제를 두려워하지 말고 달려들라고 장려하는 것입니다.

자녀의 본능적 호기심을 자극하는 것도 좋은 방법입니다. 2011년 노벨물리학상을 수상한 아담 리스 존스홉킨스대학 교수는 어렸을 때부터 수학에 대한 질문을 자주 했으며 부모가 그의 호기심을 자연스럽게 대했다고 말합니다.

"여덟 살 때 가족과 자동차여행을 떠났을 때 나는 아직 멀었느냐고 묻는 대신 자동차속도계와 거리 표지를 보고 도착하려면 얼마나 남았는지 계산했습니다. 수학에서 힘을 느꼈다"고 리스 교수는 회상합니다.

자녀를 돕기 위해 부모가 수학을 알아야 하는 것도 아닙니다. 숫자와 사물 사이에 연결 관계를 짓도록 가르치는 과정 숫자 3을 가르칠 때 과자 3개를 보여주는 행동을 통해 자녀가 숫자를 단순 암기하는 대신 숫자가 무엇을 의미하는지 이해하도록 할 수 있습니다. 또한 퍼즐을 같이 하거나 동작을 통해 '더 높은' 이나 '더 낮은' 과 같은 공간관계를 묘사함으로써 수학능력과 연관된 공간감각도 키워줄 수 있습니다.

같이 블록을 쌓으면서 부모가 만든 블록구조를 자녀가 재구성하도록 하는 간단한 놀이를 통해서도 공간능력을 향상시킬 수 있다고 켈리 믹스 미시간주립대학 교수는 말합니다.

부엌에서 요리를 할 때면 피오나는 자녀들에게 계란을 깨게 하면서 분수에 대해 설명하고 머핀 컵을 채우면서 빼기문제를 냅니다.

"머핀 컵 12개 중 8개를 채웠다면 머핀 컵 몇 개가 남았지?'

수학을 자연스럽게 일상화시킨 덕에 아이들이 즐거워하며 수학문제를 푼다고 합니다.

아이들이 수학숙제를 집에 갖고 올 나이가 되면 부모들은 좋은 점수를 강조하는 대신 문제를 풀기위해 다양한 접근법을 사용하며 최선을 다한 과정에 대해 칭찬해야 합니다. 레빈 박사의 연구에서는 부모가 정답보다 문제해결과정에 초점을 맞출 경우 9세 아이들이 새로운 수학문제를 더 적극적으로 해결하려는 것으로 나타났습니다.

부모와 아동용 수학 사이트 창업자 수잔 수튼은 수학문제를 풀기 위해 자녀와 함께 쩔쩔 매는 것도 유익할 수 있다고 말합니다. 문제를 풀기 위해 힘을 다했다가 못 풀었다는 사실을 부끄러워하지 않는 부모는 자녀에게 해결책을 찾아보고 어려운 문제에 맞서는 태도를 가르칠 수 있습니다.

〈관련 기사 모음〉

chapter 1

지능이란 무엇일까요?

지능이란 무엇일까요?

　　　　　지능을 분석적으로 생각하려는 사람이 있습니다. 그런 학자들은 이렇게 말하고 있습니다.

"지능은 단일 능력이 아니고 몇 개의 능력으로 성립되어 있습니다. 전체적인 지능이 높지 않더라도, 지능을 구성하는 한 부분의 지능이 높으면 그 능력을 살리는 분야로 성공할 가능성이 있습니다."

　지능은 체육의 한 종목인 근대 5종(마술, 펜싱, 사격, 수영, 크로스컨트리의 5가지 운동) 경기와 비슷합니다. 여러 가지 능력의 집합이며, 어느 능력도 평준화되지 않으면 지능은 높아지지 않기 때문입니다.

지능을 구성하는 대표적인 능력은 무엇일까요.

언어에 관한 능력지능

들었던 것, 읽었던 것을 정확히 파악하고, 언어로 묶어 놓은 관념을 이해하고 훌륭히 표현하는 능력입니다. 문장이나 말을 이해하는 힘과, 지식이나 관념을 확실히 상대방에게 전하는 힘은 다른 능력입니다.

수에 관한 능력지능

수를 정확하게 이해하고 수로 연결되어 있는 관념을 잘 익혀서 능숙하게 사용하는 능력입니다. 수학 학습에 대한 잠재 능력(소질)이기도 합니다.

공간에 관한 능력지능

공간에 있는 물체의 형태를 정확하게 이해하고, 평면 도형과 입체 도형의 관계를 정확하게 파악해서 능숙하게 표현하는 능력입니다. 2차

원, 3차원의 사물을 마음으로 그리는 능력도 포함되어 있습니다.

지각에 관한 능력
언어, 수, 공간에 관한 빠른 이해, 같은 것과 다른 것을 빨리 발견하는 능력입니다. 직관력, 민감성이라고 해도 좋습니다.

추리 능력지능
잘 알려져 있는 사실을 근거로 결론을 추출해 아직 알려지지 않은 사실을 유도해 내는 능력입니다.

기억 능력지능
한 번 경험하거나 학습한 사항을 잘 기억하고, 기억한 사항을 언제까지 잊어버리지 않고 필요할 때에 생각해 내는 이용하는 능력입니다.

창조 능력
하나의 사실을 여러 가지 각도에서 생각하는 유연한 힘, 과거의 경험이나 지식을 짜 맞추어서 새로운 것을 생각해 내는 힘, 각각의 생각을 막힘없이 만들어내는 힘 등이 종합된 능력입니다. 이에 반해서 지능을 여러 가지 능력으로 분석하지 않고, 좀 더 전체적으로 파악하려는 사람들도 있습니다.

어느 학자는 통찰이 지능의 본질이라고 설명합니다. 문제 상황에 놓였을 때 시행착오를 되풀이하고 이것저것 엉터리로 해보는 것이 아니라 상황을 전체로 보고 확실히 파악하는 힘, 원하는 결과를 가져다줄만한 완전한 해결 방법을 발견하는 힘을 통찰이라고 부르고 있습니다.

지적 능력이 발달해 가는 이치를 자세하게 조사한 어느 학자는 발달된 능력의 특징은 가역성이라고도 말하고 있습니다.

가산과 감산은 서로 역조작입니다. 발달된 지능은 처음에 설정한 가설이나 행동으로 문제가 해결되지 않을 때, 역조작에 의해서 출발점으로 다시 되돌아올 수 있으며 이 조작과 역조작의 강한 연결이 바로 가역성이라고 설명하고 있습니다.

지능지수(IQ)와 지능 편차치(SS)

　　　　　　지능이 높은지 낮은지를 과학적으로 측정하는 것이 지능 테스트입니다.

지능 테스트로 측정한 지능은 잘 알려져 있는 이른바 '지능지수' 로 표시됩니다. 이것은 생활 연령(만 나이)과 정신 연령의 비를 숫자로 나타낸 것입니다.

지능지수는 일반적으로 가장 우수, 우수, 중상, 중, 중하, 열등, 가장 열등의 7단계로 나뉩니다. 지수가 93~108까지의 사람이 보통입니다. 이 중간층에 있는 사람이 가장 많아서 전체의 38%를 점합니다. 100점을 기준으로 해서 숫자가 큰 만큼 높은 지능을 의미하며, 숫자가 낮은 만큼 낮은 지능을 나타냅니다.

생활 연령과 정신 연령이 동일한 사람은 지능지수가 100입니다. 여섯 살의 아이가 아홉 살의 지능을 가지고 있다면 지능지수는 150이며, 반대로 아홉 살의 아이가 여섯 살의 지능밖에 가지고 있지 않으면 지능지수는 67입니다.

'지능편차치' 라는 말도 잘 쓰입니다. 지능지수가 만 나이에 관계없이 산출되어 그 아이의 실제 지능이 높고 낮음을 나타낸다면, 지능편

차치는 그 아이와 가튼 만 나이의 아이 전체
속에서 그 아이의 지능 정도가 어느 위
치에 있는지를 나타내고 있는 숫자
입니다.
 같은 나이 아이의 평균 지능을
50으로 나타내서 숫자가 커지는
만큼 지능이 높고, 숫자가 적어지
는 만큼 지능은 낮아집니다.
 지능편차치도 역시 가장 우수, 우수, 중
상, 중, 중하, 열등, 가장 열등의 7단계로 나뉘어져 있습니다. 중은 편
차치가 45~54까지의 사람을 말합니다.
 지능 테스트로 측정되는 것은 이미 익힌 지식의 많고 적음이 아닙니
다. 예를 들어 기억 능력이라며 어느 만큼 기억하고 있는가가 아니라,
어느 만큼 기억 능력이 있는가 조사하는 것입니다. 그래서 기억 능력
이 높다고 해도 기억하려고 노력하지 않으면 기억력은 높아지지 않
습니다.
 지능 전체에 대해서도 마찬가지입니다. 지능지수가 높은 사람이 꼭
좋은 성적을 올린다고 말할 수 없습니다. 노력하기 나름입니다.
 유아시기에 검사한 지능지수가 영구히 변하지 않느냐 하면 그렇지
가 않습니다. 그 후의 훈련 여하에 따라서 변합니다. 또 유아기의 한

두 회 테스트 결과가 나쁘다고 해서 비관할 필요도 없습니다.

초등학교 입학 전후의 아이의 지능을 테스트 해보면 테스트 때마다 다르게 나오는 경우가 있는데, 정확하게 측정하기가 좀처럼 어렵기 때문입니다.

되도록 정확한 지능지수가 알고 싶다면, 필히 어느 정도 크고 나서 지능 테스트를 수년간 계속 받게 하는 것이 좋을 것입니다. 그러면 신뢰도 높은 결과가 나옵니다. 그것에 따라서 장래 예측이 가능할 것입니다.

chapter 2

지능을 발달시키기
위해서어떻게 해야 할까요?

지능을 만들어 내는 곳은
말할 것도 없이 대뇌입니다.

갓난아기의 뇌는 300g 정도밖에 되지 않지만 순식간에 무거워져서 생후 6개월이면 두 배로 무거워지고 세 살까지는 성인 뇌의 약 60~70%, 4~5살에는 약 80%, 여섯 살에는 약 90%, 여덟 살에는 95%에 달합니다.

스무 살 전후면 완전히 자라서 그 뒤는 나이가 많아짐에 따라 점점 가벼워집니다.

뇌세포는 얇은 층을 이루어 대뇌 반구를 둘러싸고 있습니다. 세포 수는 140억이며 뇌세포의 얇은 층을 대뇌 피질이라고 부릅니다. 대뇌 피질은 이중 구조로 되어 있으며 바깥쪽의 것을 '새로운 피질', 안쪽에 있는 것을 '오래된 피질'이라고 구별하고 있습니다.

오래된 피질에서는 본능이 생겨나고,

새로운 피질에서는 지능이 생겨납니다.

갓난아기의 뇌가 탄생과 동시에 점점 무거워져 가는 것은 새로운 피질의 급속한 발달 때문이라고 생각되고 있습니다.

갓난아기의 뇌세포 수는 성인의 뇌세포 수와 똑같습니다. 태어나서 단 하나도 더 늘지 않습니다. 하나하나의 용적이 증가하는 것도 아닙니다. 아기도 성인도 뇌세포의 크기에는 변화가 없습니다.

그러면 나이가 많아짐에 따라서 대뇌가 발달하고 지능이 높아지는 이유는 무엇일까요?

지능의 발달과 대뇌의 관계는 무엇일까요?

우리들의 뇌세포는 세포체에서 나온 많은 돌기로 서로 복잡하게 뒤엉켜 있습니다. 뇌세포는 서로 얽히게 됨으로써 비로소 뇌세포로서의 활동을 하게 됩니다.

갓난아기의 뇌세포는 아직 결합되지 못하고 각자 흩어진 부품 같은 상태이기 때문에 머리의 활동이 없습니다.

뇌의 발달은 뇌세포 뒤얽힘의 진행이며 복잡화라고 생각해도 좋습니다.

뇌세포의 결합에는 세 단계가 있습니다. 1단계가 태어나면서 세 살까지, 2단계가 네살부터 일곱 살까지, 3단계가 열 살 전후입니다. 열살 전후면 결합이 거의 끝나고, 그 후 스무 살 정도까지 시간을 두고 천천히 얽혀갑니다.

결합이 완료된 후에는 완성된 대뇌를 어떻게 단련하고 사용하는지에 따라서 머리의 좋고 나쁨이 정해집니다. 아무리 결합이 순조롭게 끝났다고 해도 매일 사용하지 않으면 녹이 슬어서 사용할 수 없게 되어버리고 맙니다.

뇌세포 결합의 1단계가 끝나는 세 살짜리 아이는, 스스로 생각하고 스스로 행동하려는 경향이 강해져서, 스스로 나서서 무엇인가를 배우려고 하는 마음이 싹트게 됩니다.

2단계의 4~6살 아이는 무언가를 하려고 하고 자신을 어떻게든 표현하고 싶어 합니다. 이 시기에 하고 싶어하는 일을 많이 시키면 뇌의 발달이 촉진되어 지능이 점점 발달 됩니다.

3단계에 해당하는 열 살 즈음에는 얽힘이 거의 완료되어 기쁨과 슬픔, 질투심 등, 어른과 다름없이 갖가지 정서가 몸에 붙어갑니다. 정서를 풍부하게 해주는 교육이 가장 필요한 시기라고 할 수 있습니다.

4~5세가 되면 보통 누구라도 자주적으로 행동하려고 합니다. 그래서 어떠한 경우에도 강제나 강요, 간섭 등은 역효과를 낳을 뿐입니다. 아이가 흥미를 나타내고 의욕적으로 배우고 싶어할 만한 교재를 여러 가지로 연구해서 제공해 주지 않으면 안 됩니다.

그러나 만약 방임해 버리면 지식이나 경험이 부족한 아이가 잘못된 방향으로 빗나갈 위험성이 있습니다. 적당하게 유도하지 않으면 안 될 것입니다.

지능을 발달시키는 가정교육은?

그런데 지능을 발달시키기 쉬운 성격과 발달시키기 어려운 성격이 있습니다.

유아기에서 청년기가지의 집단 100명에 대해서 10여 년간 해마다 계속 지능검사를 하여 지능의 발달 상황을 조사한 연구에 의하면, 지능지수의 변화 방식에 따라서 세 가지 유형으로 분류할 수 있다고 합니다.

1) 상승형 : IQ가 해마다 조금씩 높아진다.

2) 하강형 : IQ가 해마다 조금씩 내려간다.

3) 혼합형 : 해에 따라서 오르고 내리지만 평균하면 일정하다.

상승형 아이는

자주성이 있고 적극적이며, 끈기가 있고 경쟁을 두려워하지 않으며 학교 공부도 열심히 합니다. 곤란한 문제에서 벗어나려 하지 않으며 무언가에 몰두하면 마지막가지 완수하려고 합니다. 리더십도 있습니다.

하강형 아이의

성격은 상승형과 정반대로 의뢰심이 강하고 신경질적이며 소극적입니다. 경쟁이나 곤란한 문제는 가능하면 피하려고 합니다.

성격이 지능지수와 서로 관계가 있듯이, 가정 환경, 특히 부모와의 관계도 지능의 발달에 영향을 미칩니다.

지능지수가 올라가는 아이의 가정은 교육이나 예의범절의 방침이 확실하며 자주적입니다. 너무 지나치게 간섭하지 않고 방임하지도 않으며, 그때그때 필요에 응해서 원조와 주의, 서로 대화를 하면서 교육을 해갑니다.

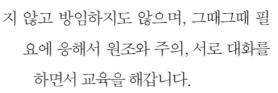

지능지수가 높았다가도 점차 하강해 가는 것은 가정의 지나친 강제나 간섭이나 방임, 지나친 사랑에 원인이 있습니다.

처음에는 IQ가 낮았는데도 점점 높아지는 아이의 가정은 거의가 간섭형입니다. 이 사실로 미루어 간섭도 때에 따라서는 필요한 것임을 알 수가 있으나, 정도가 지나치면 역시 역효과를 낳게 됩니다.

IQ가 낮은데 더 떨어지고 있는 아이의 가정에는 방임형이 압도적으로 많습니다. 아이는 엄마가 아무리 입 다물고 있어도 자기를 계속 지켜

봐 주고 있다는 것을 느끼면 의욕을 가지고 무엇이든 하려고 합니다.

 그러나 무엇을 해도 나 몰라라 하는 태도를 보이거나, 아이가 하는 것에 관심을 보이지 않는 엄마를 매일 접하고 있는 아이는 정말로 의욕이 없어져서 어찌 되든 좋다는 마음을 갖게 됩니다. 또 엄마의 주의를 끌기 위해 무언가 이상한 행동을 하기도 합니다.

 스스로 생각하고 스스로 행동하려고 할 때에는 큰 실수를 범할 위험만 없다면 아이에게 맡기고, 문제에 부딪혀서 원조를 구해 온다면 도와준다는 자세가 아주 중요합니다.

chapter 3

우리 아이
수학지능 능력이 쑥쑥 자라는
지능계발

수학지능 능력과 지각지능 능력을 키워주는

높이 비교해 볼까요?

■ 주제 지각 능력이 발달해요.

■ 우리 아이 이런 지능이 달라져요
   직관적으로 물건의 높고 낮음을 이해하게 합니다.

■ 이런 것이 필요해요
   가정용품 등

평범한 아이를 위대하게 키우는 엄마의 센스 지능*Up Play*

❶ 같은 모양의 나무 블록이나 책, 밥공기, 컵, 병 등 두 개를 비교하여
"키가 큰 것을 손으로 가리켜 봐요."
라고 말하여 집게 합니다.

❷ 아빠와 엄마, 엄마와 아이, 아이끼리 키를 비교해 가며 이야기를 나눕니다.

❸ 외출할 때 나무와 집, 빌딩, 동물 등 아이가 볼 수 있는 모든 사물에 대하여 어느 쪽이 크고 작은지를 물으며 대화를 나눕니다.

Point 계단을 올라갈 때 높아지는 느낌을 알게 하여 높고 낮음을 직관적으로 알게 합니다.

숫자를 가르쳐 주는 Point • 1
숫자능력은 '숫자' 만이 아닙니다.

숫자능력은 '숫자' 만이 아니라 양, 도형, 공간의 영역을 포함합니다.
숫자는 말하자면 수를 세거나 계산하거나 하는 것입니다.

양은 액체 등의 많고 적음,

공 따위의 크고 작음,

끈 등의 길고 짧음,

산이라면 높고 낮음,

돌 같은 것의 무겁고 가벼움 등이 포함되어 있습니다.

원, 삼각형, 사각형 등의 평면도형, 입방체며 원주 등의 입체도형이
도형의 내용입니다.

공간은 상하, 전후, 좌우 등의 방향과 위치 관계를 말합니다.

숫자라고 하면 이내 '수와 계산' 만에 눈이 가기 쉽지만 그것 이외의
영역에 관한 것도 수학의 중요한 기초가 되는 것이므로 소홀히 해서
는 안 됩니다.

숫자를 가르쳐 주는 Point • 2
크고 작음의 직관적인
판단부터 하게 해야 합니다.

어린 아이의 사고는 감각적, 직관적입니다.

2살 된 아이에게 똑같은 모양이라도 크기가 다른 2개를 보여 주며 어느 쪽이 큰지 혹은 작은지를 직관적으로 판단할 수 있게 합니다. 그것을 할 수 있게 되면 감과 밤처럼 형태와 크기가 다른 것끼리 비교하게 합니다.

많고 적음을 아직 헤아려 비교할 수는 없으므로, 예를 들면 사탕을 3개와 5개를 보여 주고 비교하게 하여 직관적으로 판단할 수 있도록 합니다.

3살이 되면 3~5개 되는 것의 대소판단(크고 작음), 다소판단(많고 적음)을 하게 합니다. 동시에 가장 크고, 그 다음으로 크고, 가장 작은 것 등의 말을 가르칩니다. 이렇게 2~5개의 것을 비교하는 것에서 대소(크고 작음), 다소(많고 적음)는 상대적인 것이라는 사실을 이해하게 됩니다.

보통 4~5세가 되면 놀이에 집중하게 되는데, 이때 혼잣말로 중얼거림이 많아집니다. 이런 현상을 부모들이 볼 때 아무 뜻이 없는 혼자 중얼거린다고 생각할 것입니다. 하지만 이것은 아이 자신이 생각하고 있는 과정이 입밖으로 나오는 것입니다. 다시 말해 4~5세의 아이들이 혼잣말로 중얼거림은 생각을 하고 있다는 표현입니다. 그렇기 때문에 시끄럽고 귀찮다며 금지시키는 것은 아이에게 생각을 하지 말라는 것과 같은 것입니다.

사회적응 능력과 수학지능능력을 키워주는 지능계발

시장보러 갈까요?

■ 주제 수 능력 발달해요.

■ 우리 아이 이런 지능이 달라져요

상점 놀이를 하면서 쉬운 덧셈, 뺄셈의 기초 능력을 길러 줍
니다.

■ 이런 것이 필요해요

캔트지, 크레파스, 가위

❶ 엄마가 하얀 캔트지 위에 크레파스로 귤과 과일과 우유 병을 많이 그린 다음 가위로 오려둡니다.

• "마트에서 과일을 사러 갑니다. 귤 3개와 사과 2 개를 샀는데, 모두 몇 개일까요?"라고 아이에게 묻 습니다. 이것을 종이 과일의 수를 세면서 반복적으 로 묻고 질문하게 하면 됩니다.

• "오늘 아침에 우유배달원이 우유 5병을 가져와서 우리 집에 3병을 두고 갔습니다. 우유배달원에게 몇 병의 우유가 남았을까?"라고 아이에게 질문한 다음, 종이 우유를 사용하여 뺄셈을 알려주면 됩니다.

❷ 또는 일상생활에 접목시켜 쉬운 문제를 만들어 반복 하게 한다면 계산에 대한 기초훈련을 즐겁게 숙지시 킬 수 있게 됩니다.

Point

계산에 대한 또 다른 기초훈련은 마트에 갈 때 아이와 함께 가서 엄마 가 실제로 물건을 어떻게 구입하고 계산하는지를 경험시키는 것도 좋 습니다. 다시 말해 일상생활을 통해 쉽게 알게해 준다면 많은 효과를 볼 수 있습니다.

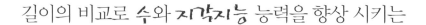

길이의 비교로 수와 **지각지능** 능력을 향상 시키는

길이를 비교해 봐요

■ 주제 수, 지각 능력이 발달해요.

■ 우리 아이 이런 지능이 달라져요
여러 가지 물건을 늘어놓고 직관적으로 길이를 판단하게 합
니다.

■ 이런 것이 필요해요
색종이, 가위

❶ 길이와 색이 다른 다섯 종류의 긴 종이를 만듭니다.

❷ 두 장의 긴 종이를 나란하지 않게 아이 앞에 놓고서 어느 쪽이 긴지 묻습니다.

❸ 길이를 비교할 때는 끝을 나란히 맞춰보면 잘 알 수 있다는 것을 가르쳐 줍니다.

❹ 처음에는 두 장을 비교하고 차츰 비교하는 수를 많게 합니다.

Point 가장 길고 가장 짧은 것을 물어 봅니다.

숫자를 가르쳐 주는 Point · 3
보존사고를 할 수 없다는 것에 주의해야 합니다.

똑같은 형태, 똑같은 크기의 컵에 주스를 같은 양으로 넣고, 어린 아이에게 어느 것이 가장 많은지를 물으면 수면의 높이가 똑같은 것을 보고 '똑같아' 라고 대답합니다.

그것을 눈앞에서 밑바닥 면적이 다른 3개의 컵으로 옮겨 담고 나서 똑같은 질문을 하면 왼쪽 컵의 주스가 '가장 많아' 라고 대답합니다. 이치는 접어 두고 감각적으로 판단하고 있기 때문에 '이것이 적어' 하며 형제간에 싸움을 일으키기도 합니다.

다시 원래의 컵에 따르면 똑같은 양이라는 것을 알 수 있지만 어린 아이에게는 이상한 현상인 것입니다. 세 개가 아니라 두 개의 크기가 다른 컵을 사용하더라도 어린 아이는 똑같이 반응합니다.

이처럼 액체의 양을 용기에 넣고, 눈으로는 변한 것같이 보이더라도 실제로 여전히 원래의 양이 보존되어 있는 것을 '양의 보존'이라고 합니다.

이러한 것은 수에 있어서도 마찬가지입니다. 어린 아이에게 수박 5개와 토마토 5개를 비교시키면, 수박의 크기에만 정신이 팔려서 수박 쪽이 더 많다고 대답합니다. 또 제각기 놓아 둔 귤 5개와 함께 둔 귤 5개 중에서 펼쳐 놓은 쪽의 귤이 많다고 대답합니다. 물건이 똑같은 숫자이면, 어떠한 크기이든 또 어떤 위치 및 방향에 있건 간에 수는 변하지 않는다는 것을 '수의 보존'이라고 합니다.

수나 양의 보존은 어린 아이에게는 대단히 어려워 초등학교 1학년이 되어도 이해하지 못하는 아이가 있을 정도입니다. 그러므로 어린 아이의 숫자지도는 보존사고에 주의하지 않으면 안 됩니다.

숫자는 추상개념이므로 문자를 외우는 것보다 어려운 것입니다.

인간의 사고 활동에서 말이 매개체가 된다는 것은 누구나 알고 있는 사실입니다. 어른은 사고과정이 마음으로 들어가기 때문에 겉으로 분출되지 않습니다. 하지만 4~5세정도의 아이들은 어른처럼 지능이 발달되어 있지 못했기 때문에 생각하는 것이 밖으로 나오는 것입니다. 예를 들면 아이가 책을 읽을 때 음독하는 것도 이런 이유 때문입니다. 아이가 묵독할 수 있는 나이는 7~8세가 되어야 합니다. 이처럼아이는 지능의 발달에 따라 같은 사고활동이라도 표출하는 방법이 달라지는 것입니다. 그렇기 때문에 아이가 혼잣말로 중얼거리며 놀고 있을 때는 옆에서 방해해서는 안 됩니다.

양(두께, 깊이)에 대한 이해를 키워주는 지능계발

두께와 깊이를 알아봐요

■ **주제** 수 능력이 발달해요.

■ **우리 아이 이런 지능이 달라져요**
양(두께, 깊이)에 대한 이해를 넓혀 줍니다.

■ **이런 것이 필요해요**
두께가 다른 책 5~6권, 30㎝ 자 1개

평범한 아이를 위대하게 키우는 엄마의 센스 지능*Up Play*

❶ 엄마가 아이에게 두께가 각기 다른 2권의 책을 보여준 다음 어느 책이 더 두꺼운지를 물어봅니다.

❷ 또 어느 책이 더 가볍고 무거운지를 알려주기 위해 아이에게 직접 책을 들어보게 하여 스스로 판단하게 합니다.

❸ 그리고 두꺼운 책 2권을 미리 책상 위에 놓고 얇은 책을 이용하여 높이가 같아질 때까지 쌓아올리게 한 다음, 모두 몇 권을 쌓았는지를 세어보게 합니다.

Point
두께가 각기 다른 책을 모두 쌓아올린 뒤 30㎝자를 이용해 책의 전체 두께를 재보게 한 다음, 엄마가 자리를 비운 다음에 와서 책의 두께와 깊이가 어떻게 다른지를 가르쳐 줍니다.

수에 대한 관심을 갖게 하는 **뺄셈** 지능계발

쉬운 뺄셈을 해봐요

■ 주제 수 능력이 발달해요.

■ 우리 아이 이런 지능이 달라져요

　　쉬운 뺄셈을 하면서 수에 대한 관심을 높여 줍니다.

■ 이런 것이 필요해요

　　구슬 20개, 접시 2개

① 엄마가 아이와 함께 필요한 준비물을 가져와 엄마가 먼저 자신 앞에 구슬 10개를 놓으면서 아이에게도 10의 구슬을 나란히 놓게 유도해줍니다.

② 그리고 접시를 엄마와 아이 옆에 각각 놓고 엄마가 아이에게 가위 바위 보를 제안한 다음 승리한 쪽이 자신의 접시에 구슬을 하나씩 올려놓게 합니다. 게임은 열 개의 구슬이 접시에 모두 올려 질 때까지 하면 됩니다.

Point

엄마가 아이와 함께 가위 바위 보를 진행하면서 "엄마 접시엔 2개의 구슬이 있네, 이제 몇 개가 더 있으면 이길 수 있을까?"라든가 "네 접시에는 벌써 8개의 구슬이 모였네, 이제 2개만 있으면 되겠는데." 등과 같이 칭찬과 함께 친절하게 숫자에 대한 개념을 알게 해줍니다.

숫자를 가르쳐 주는 Point • 4
일대일 대응을 가르친다.

집안에서 아이에게 100까지 헤아리게 하는 가정이 많을까 하고 생각하지만 이것은 숫자를 '외치고' 있는 것에 지나지 않습니다. 물건을 헤아린다는 것은 물건에 수사를 순차적으로 하나씩 대응시키는 것입니다. 그래서 헤아리는 전단계로서 '일대일 대응'이라는 것을 가르칩니다.

사과 5개와 귤 3개를 비교할 경우, 3살 된 아이라도 사과 쪽이 많다는 것을 직관적으로 판단할 수 있습니다. 그런데, 둘 다 모두 5개씩이 되면 미묘해집니다. 사과 쪽이 크기가 크면, 똑같은 숫자일지라도 사과 쪽이 많다고 대답해 버립니다.

그래서 사과를 한 줄로 늘어놓고, 사과 한 개에 귤 한 개씩을 대응시켜 늘어놓으면 똑같다는 것을 바로 이해하게 되는데 이것을 일대일 대응이라고 합니다. 혹은 색깔이 다른 구슬 따위를 양쪽 옆에 하나씩 놓고 재차 양쪽의 구슬을 늘어놓으며 대응시킵시다.

이와 같이 일대일대응을 시키면 숫자를 말할 수 없어도 똑같다든지 어느 쪽이 많다는가를 대답할 수 있습니다. 또 '수의 보존'도 할 수 있게 됩니다.

숫자를 가르쳐 주는 Point • 5
집합 만들기에서 시작합니다.

3살 전후가 되면 '집합 만들기' 놀이를 시켜야 합니다. 사과와 귤이 몇 개씩 있으면 사과그룹과 귤 그룹으로 나누게 하는 것입니다. 하얀 수선화와 튤립, 노란색 수선화와 튤립이 있으면 하얀 꽃 집합과 노란 꽃 집합, 수선화 집합과 튤립 집합이라고 하는 두 개의 집합으로 나누는 방법도 가르칠 수 있습니다. 왜 이런 것을 하는가 하면 물건을 헤아리기 위해서는 헤아릴 대상을 분명히 하지 않으면 안 되기 때문입니다. 게다가 같은 것 모으기(집합 만들기라고도 합니다)는 초등학교 입학 이후 줄곧 공부에 필요한 물건을 공통의 성질이나 특징을 기반으로 분류하는 논리적 사고의 기본이 되기 때문입니다. '나누다'는 것이 '이해하다'는 것으로 이어지는 것입니다.

사회적응 지능 능력은 사회의 한 구성원으로 더불어 살아가야할 기본 습관이나 태도입니다. 상대방과의 커뮤니케이션이 원활하게 해야하고 자기의 의사를 정확하게 표현하기 위해서는 좋은 생활 습관과 정서적인 지능이 꼭 필요합니다. 예의범절이나 에티켓 등이 필수적인 것입니다.

양의 많고 적음을 알게하는 수학지능 계발

부피의 비교를 해 볼까요?

■ 주제 수량의 개념이 발달해요.

■ 우리 아이 이런 지능이 달라져요
  모래놀이를 하면서 양의 많고 적음을 알게 합니다.

■ 이런 것이 필요해요
  모래, 나무젓가락, 똑같은 컵 몇 개, 물

❶ 서너 명이 놀 수 있습니다.

• 모래밭에서 모래산을 만들고 산의 정상에 나무젓가락을 수직으로 꽂아 놓습니다. 게임에 참가하는 사람은 산을 가운데 두고 마주보며 앉습니다.

• 처음에 가위바위보를 하여 이긴 사람부터 순서대로 나무젓가락을 쓰러뜨리지 않고 한 번씩 쌓아놓은 산의 모래를 마음대로 가져가서 컵에 담습니다. 나무젓가락이 쓰러지면 게임은 끝납니다.

• 모래를 넣은 컵의 개수로 누가(어느 쪽이) 모래를 많이 가져갔는지 판단하게 합니다.

❷ 컵을 깨끗하게 씻어서 물을 넣습니다.

• 두 개의 컵에 물의 양을 각기 다르게 넣어서 어느 쪽이 많은지 비교 판단하게 합니다. 물의 양을 여러 번 변화시켜 봅니다.

• 세 개의 컵에 물의 양을 각기 다르게 넣어서 많은 순, 적은 순을 손으로 짚으며 말하게 합니다.

Point

물이 아니라 주스라든가 색이 들어 있는 음료수라면 아이는 좋아할 것입니다.

더하기, 빼기를 시켜서 수학지능 능력 키워주는

작은 새는 몇 마리 일까요?

■ 주제 수 능력이 발달해요.

■ 우리 아이 이런 지능이 달라져요
작은 새의 수를 세게 하거나 더하기, 빼기를 시켜서 수학 능
력을 높여 줍니다.

■ 이런 것이 필요해요
그림책

평범한 아이를 위대하게 키우는 엄마의 센스 지능*Up Play*

엄마가 그림책을 펴놓고 그림을 하나씩 손으로 짚어가면서 아이에게 묻습니다.

❶ '다람쥐가 집으로 모두 돌아왔네. 그렇다면 다람쥐 가족은 모두 몇 마리일까요?'

❷ "제비가 새끼에게 먹이를 주려고 집으로 돌아왔습니다." 페이지를 넘겨 그림책을 보여주면서 "제비집에 새끼가 모두 몇 마리일까요?"

❸ "전깃줄에 참새 10마리가 앉아 있네요." 페이지를 넘겨 그림책을 보여주면서 "참새 3마리가 의 새가 날아갔네요. 그럼, 전깃줄엔 몇 마리의 참새가 남아 있나요?"

❹ "어머, 엄마 개가 강아지에게 젖을 먹이고 있구나." 페이지를 넘겨 그림책을 보여주면서 "그런데 엄마 개가 밥을 먹으러 가네. 그럼, 남아 있는 강아지는 모두 몇 마리일까요?"

숫자를 가르쳐 주는 Point • 6
1~10의 숫자 빠르게 기억하게 하는 방법

2~3살 된 아이에게는 1~3을 지도합니다. 예를 들면 사과 2개와 귤 3개를 각각 일대일 대응으로 늘어놓고 남은 귤 1개를 보여 주며 '귤이 일(하나) 많다' 고 가르칩니다. 마찬가지로 사과 2개와 귤 4개와 5개를 각각 일대일 대응시키고 '귤이 둘 많다' , '귤이 셋 많다' 고 가르칩니다. 귤과 같은 개별적인 물건만이 아니라 가늘고 긴 연필이나 얇은 색종이 등도 사용하여 1, 2, 3이라는 숫자와 개념을 가르칩니다. 이것을 되풀이하는 가운데 트럭 3대도, 아이들 3명도, 버튼 3개도 크기나 형태에 상관없이 수가 3으로 똑같다는 것을 알게 합니다.

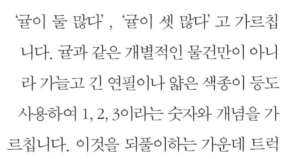

또 물건만이 아니라 현관의 초인종, 노크 소리, 그네의 움직임에서도 3을 헤아리는 것이 중요합니다. 더욱이 이 단계의 어린 아이에게는 4 이상의 숫자는 '많다' 입니다.

네 살이 되면 사(넷, 네 개)와 오(다섯, 다섯 개)를 물건에 손가락으로 가

리키면서 수사와 대응시켜 가르칩니다. 4를 알 때까지
는 시간이 걸립니다.

3~5살에는 우선 10까지 지도합니다. 다음에 30 정도까
지, 그리고 100까지의 지도로 나아갑니다. 또 1~10을
순차적으로 따라 읽는 것만이 아니라 10~1의 역순으로
도 읽는 것에 익숙해지도록 합니다.

여기에서 주의하지 않으면 안 되는 것은

① 우선, 아이가 숫자에 흥미를 가지는 것이 전제입니
다.

② 다음으로 연령별의 숫자지도는 대체적인 기준이라
개인차가 있을 수 있으므로 아이의 발달을 판단하여
유연하게 대응하는 것이 필요합니다.

③ 글씨 쓰는 법의 교육은 4~5살 무렵부터가 충분합니
다.

2살 정도가
되어 아이의 사
회적응 능력은 어른의 표정
에 민감하여 혼나는 것과 칭
찬 받는 것을 알고 곤란한
일과 슬픈 일등을 압니다.
독점력이 생겨서 자기 것은
친구에 주려하지 않고 친구
것은 빼앗고 싶어 하는 시기
여서 싸움도 하게 되는 시기
입니다.
생활습관 적응 자능의 이 시
기에는 아이가 혼자서 스스
로 모든 일이든 하려고하는
데 이때는 도와주지 말고 혼
자서 할 수 있는 습관을 길
러 주는 중요한 시기입니
다. 한 살 정도엔 오줌과 두
살 정도에 대 소변을 가릴
수 있는 시기이고 모자를 쓰
거나 포크를 사용할 수 있는
시기입니다.

앞과 뒤, 멀고 가까움을 이해시키는 수학지능 계발

앞뒤와 멀고 가까움을 알아보기

■ 주제 언어 능력이 발달해요.

■ 우리 아이 이런 지능이 달라져요
　　놀이와 생활 속에서 앞뒤, 멀고 가까움을 이해시킵니다.

■ 이런 것이 필요해요
　　공원이나 자연 환경, 그림책 등

평범한 아이를 위대하게 키우는 엄마의 센스 지능*Up Play*

❶ 친구들과 함께 공원으로 데리고 가서 숨바꼭질을 합
니다. 나무 뒤에 숨어 있거나, 술래가 의자 앞에 서있
거나, 술래가 다가오거나 멀어지거나, 실제로 아이들
과 엄마가 움직여서 앞뒤, 멀고 가까움을 몸에 익히
고 이해하도록 합니다.

❷ 그림책을 보고 있을 때에도 먼 산, 가까운 강 등 지적
하며 가르쳐 줍니다.

❸ 먼 시골에 있는 친척, 가까운 친구의 집에 대해서도
서로 이야기합니다.

순서 수의 빠른 기억 방법

이제까지 서술한 숫자는 물건의 집합된 수로 '집합수' 라고 합니다.
1, 2, 3…… 하며 헤아리다 8에서 끝나면, 8이 전체의 집합수입니다.
이것에 대응하여 앞에서 3번째, 위에서 5번째 등과 같이 순서를 나타
내는 것이 '순서수' 입니다.

4세 전후부터 '앞(뒤, 상, 하, 좌, 우)에서 몇 번째' 라고 하는 방법을 가
르치는 것이 좋습니다.

수의 합성, 분해의 이해 방법

 4세 전후부터 1과 2로 3, 1과 3으로 4, 2와 3으로 5, 4와 1로 5와 같은 것이 5까지의 수의 합성, 3은 2와 1, 4는 2와 2, 5는 3과 2와 같은 5이내의 수의 분해를 지도합니다. 위의 것을 할 수 있게 되면, 5~6세에 걸쳐 6까지의 합성, 분해로 넘어가고 점차 수를 늘려서 10까지 수의 합성, 분해를 할 수 있도록 합시다.

 합성, 분해는 처음에는 귤 등의 구체적인 물건으로 하고, 할 수 있게 되면 숫자만으로 합니다. 이것을 할 수 있으면 숫자를 다면적으로 볼 수 있는 능력이 키워진 것이며 간단한 덧셈, 뺄셈이 가능하게 된 것을 나타냅니다.

3~4세의 사회적응 생활 능력은 명랑하고 새로운 것에 많이 도전하는 시기입니다. 자신감을 가지고 있어서 무엇을 실패하더라도 용기를 주어 자신감 있는 아이로 성장하는 것도 이 시기입니다. 겁내는 것을 혼내지 말고 스스로 벗어나 용기로 행동을 할 수 있도록 도와주어야 합니다. 이 시기에는 이기심이 발달하는 나이이므로 객관적인 사고방식을 갖게 하는 것도 중요합니다.

운동능력지능과 수학지능 능력을 키워주는

가위바위보 해 볼까요?

■ 주제 수 개념, 운동 능력이 발달해요.

■ 우리 아이 이런 지능이 달라져요
　　　친구들과 어울려 뛰어 노는 가운데 자연스레 수 능력을 기릅
　　　니다.

■ 이런 것이 필요해요
　　　안전한 계단, 길, 공터

❶ 엄마와 아이 둘이서 노는 것보다 같은 나이 또래의 친구들 서너 명과 함께 노는 것이 더 재미있습니다.

❷ 스타트와 골인 지점을 정하고 가위바위보를 합니다. 바위로 이기면 3보 전진하고, 가위로 이기면 5보 전진하고, 보로 이기면 6보 전진합니다. 가위바위보로 진 사람은 그 자리에 가만히 서 있습니다. 제일 먼저 골인한 사람이 이깁니다.
'바위'로 이긴 것을 '1', '가위'로 이기면 '2', '보'로 이기면 '5'라고 정해도 좋습니다.

❸ 목적지에 도달뿐만 아니라 왕복을 하면 가위바위보의 결과가 쉽게 드러나 더 재미있을 것입니다.

❹ 술래잡기도 됩니다. 처음 가위바위보로 술래를 정하고 이긴 수만큼 서로 이동할 수 있는 규칙을 정해 두면 매우 스릴 있는 놀이가 됩니다.

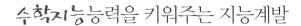

수학지능능력을 키워주는 지능계발

길이를 비교해 볼까요?

- ■ 주제 수 능력이 발달해요.

- ■ 우리 아이 이런 지능이 달라져요
    길이를 비교하며 양(길이)에 대한 관심을 높여 줍니다.

- ■ 이런 것이 필요해요
    길이가 다른 색연필 5자루

❶ 엄마가 아이에게 연필길이를 어떻게 비교하면 될 지를 먼저 물어봅니다. 그런 다음 엄마가 색연필 을 책상 위해 나란히 놓고 끝을 맞추면 비교하기 쉽다는 것을 이해시켜주면 됩니다.

❷ 또한 "색연필 중 가장 긴 것은?" "색연필 중 가장 짧 은 것은?" "파란연필과 노란연필 중 어느 것이 짧 지?"라면서 색연필 5자루의 길이를 비교하게 해주면 됩니다.

Point 아이가 쉽게 이해할 수 있도록 처음엔 3자루를 비교하다가 수를 점점 추가하면 됩니다.

어린 아이의 숫자능력은
일상생활 속에서 자랄 수 있습니다.

어린 아이에게는 장난감이 필수입니다. 한 살이 된 때부터 모양 숨기기와 같은 기구나 각종의 입방체를 집어서 똑같은 모양의 구멍에 넣는 놀이를 시키면, 손재주가 늘고, 도형감각이나 안과 밖이라고 하는 공간 감각이 몸에 붙게 됩니다. 원, 삼각, 사각이라고 하는 언어의 지도와 함께 세 살 무렵부터 집에 있는 여러 가지 모양의 물건을 이해하도록 합니다.

쌓거나 크기 차례대로 포개어 안에 넣을 수 있는 컵은 대중소의 3가지 대소판단, 4~5개의 대소판단을 시키는 데 편리합니다. 또 색으로 나뉘어 있다면, 색에 의한 집합 분류 놀이도 할 수 있습니다.

공이나 삼륜차 놀이는 빠름과 늦음의 양 감각을 키웁니다.

종이접기는 도형감각을 키우고, 반, 사분의 일을 가르치는 데 적합합니다.

트럼프는 12까지의 수 계열을 습득하는 데 대단히 좋은 놀이입니다. 주사위놀이도 가게 놀이도 숫자개념을 키우는 데 훌륭한 놀이입니다.

공이나 삼륜차 놀이는 빠름과 늦음의 양 감각을 키웁니다.

5~6세의 사회 적응 지능능력은 사회의 한 구성원으로 행동하려고 하는 시기입니다. 집안에서 벗어나 밖에서의 시간을 가지려하고 친구사귀는 것을 좋아하는 시기입니다. 이 시기에는 순응성이 생기고 인내심이 생겨서 올바른 습관이나 태도를 알게 됩니다. 약간 정서가 불안해지고 감수성이 예민해 지는 시기이기도 하지만 스스로 혼자서 할 수 있는 일들은 할 수 있게 해야 합니다. 대화로 다른 사람에게 전달능력이 있고 혼자서 가고 싶은 곳을 갈 수도 있고 스스로 옷을 입고 벗을 수 있는 시기인 것입니다.

양(무게)에 대한 흥미를 심어주는 수학지능 계발

무게를 비교해 볼까요?

■ 주제 수 능력이 발달해요.

■ 우리 아이 이런 지능이 달라져요
    무게를 비교시키고 양(무게)에 대한 흥미를 심어 줍니다.

■ 이런 것이 필요해요
    동물이 그려진 종이카드

❶ 동물이 인쇄된 카드를 하나씩 들어 보여주면서 동물이름을 묻고 특징이 무엇인지를 말하게 합니다.

❷ "다람쥐와 판다 중 어느 쪽이 더 무거울까요? 그리고 무거운 쪽 동물이름은 무엇인지 말해보세요."라고 질문합니다.

❸ "이 그림은 아기 다람쥐와 엄마 다람쥐 무게를 비교한 것이란다. 어느 다람쥐가 더 무거울까요?"라고 질문하여 가벼운 것과 무거운 것을 깨닫게 해줍니다. 그리고 왜 더 무거운지를 자세하게 설명하도록 합니다.

Point   집안에 있는 물건에 보여주면서 가벼운 것, 무거운 것을 비교하도록 해도 됩니다.

많은 물, 적은 물은 어느 것?

- **주제** 수 능력이 발달해요.

- **우리 아이 이런 지능이 달라져요**
  세 가지 양(부피)의 대소를 판단시킵니다.

- **이런 것이 필요해요**
  동일한 크기와 모양의 유리컵 3개, 크기가 다른 컵 3개, 3가지 물감이나
  색이 다른 음료수

① 동일한 크기와 모양이 같은 컵 3개에 같은 높이로 물을 붓고 각 컵마다 다른 물감을 넣어 비교하게 합니다.

② 동일한 크기와 모양이 같은 컵 3개에 물의 높이를 다르게 넣고 컵마다 물감을 넣어 높낮이를 비교하게 합니다.

③ 크기가 다른 컵을 준비해 높이가 다르게 물을 붓고 물감을 넣어 컵의 대소를 구분하게 합니다.

Point

그림에서 보는 것처럼 3개의 컵에 물감을 넣었다가 아이의 눈앞에서 그림 4의 컵으로 옮긴 다음 대소를 비교하게 합니다.

정리정돈, 심부름으로
아이의 숫자능력은 일상생활 속에서
자랄 수 있습니다.

아이에게 가지고 논 장난감을 정리하도록 시킬 때, 인형은 인형대로 자동차는 차대로 분류하여 상자에 넣도록 시키면 자연스럽게 집합 만들기 공부가 됩니다.

식사할 때나 간식 때 가족 수 만큼의 그릇이나 젓가락을 내고, 컵을 내도록 거들게 하면 일대일대응의 공부가 됩니다. 씻은 식기를 같은 것끼리 포개도록 하는 것은 집합 만들기 학습입니다. '양파를 몇 개 가져 오세요' 라고 이야기 하면 숫자 공부가 되고 계량용 컵이며 숟가락을 사용하면 양 감각이 쑥쑥 자라게 됩니다.

쇼핑 (물건사기)으로
아이의 숫자능력은 일상생활 속에서 자랄 수 있습니다.

 물건 사는 데 데리고 가서 돈을 주고받는 체험을 시키면 천 원이라도 천 원 지폐라면 1개, 500원 동전이라면 2개, 100원 동전이라면 10개 또 500원 동전 1개와 100원 동전 5개이기도 하다는 숫자개념이 자라게 됩니다. 또 사 온 과일이나 야채로 집단 만들기를 할 수 있게 되고, 무겁고 가벼움, 길고 짧음, 두껍고 얇음 등의 양의 수치를 알려줄 수 있습니다.

넓이에 대한 수학지능 관심을 높여주는

넓이를 비교해 볼까요?

■ 주제 수 능력이 발달해요.

■ 우리 아이 이런 지능이 달라져요

  땅뺏기 놀이를 통해 양(넓이)에 대한 관심을 높여 줍니다.

■ 이런 것이 필요해요

  그래프용지, 작은 돌

❶ 땅뺏기 놀이입니다. 사이좋은 친구끼리 넷이서 놀면 재미있지만 엄마와 둘이서라도 아이는 흥미를 가질 것입니다.

❷ 네 명이 그래프용지를 가운데 놓고 둘러앉아 가위바위보로 이긴 사람이 한 칸씩 자기 진지로 차지합니다. 자기 진지에는 자기의 색(모양)인 작은 돌을 한 개씩 놓아둡니다. 칸이 전부 메워지면 누가 제일 많은 칸을 차지했는지 비교하여, 넓이의 대소로 승부를 정합니다. 엄마가 마지막으로 판정을 해줍니다.

Point

밖에서 작은 돌로 하는 땅따먹기 놀이는 힘 조절 능력과 나름의 작전을 짜는 과정에서 두뇌가 발달하고 넓이와 앞 뒤 공간에 대한 생각을 할 수 있수 있는 놀이 입니다.

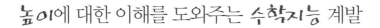

높이에 대한 이해를 도와주는 수학지능 계발

높이를 비교해 볼까요?

■ 주제 수 능력이 발달해요.

■ 우리 아이 이런 지능이 달라져요
   높이를 비교하여 양(높이)에 대한 이해를 깊게 합니다.

■ 이런 것이 필요해요
   가벼운 비치볼이나 공

❶ 형제자매나 부모, 할머니 등 가족들의 키를 비교하여 누가 크고 누가 작은지 가르쳐 줍니다.

❷ 높은 나무나 지붕, 담 등을 바라보고 공을 얼마나 높이까지 던질 수 있는지 해봅니다. 목표를 조금씩 높이고, "이번은 좀 더 높이 던져 보자." 라고 격려하면서 확실한 성취감을 맛보게 합니다.

❸ 남산 타워와 남산, 빌딩의 높낮이에 대해서도 서로 이야기합니다.

일상생활 속에서 어린아이의 숫자능력은 자랄 수 있습니다.

시계나 텔레비전의 채널로 11, 12의 지도도 할 수 있습니다. 또 매일의 규칙적인 생활 속에서 '몇 시', '몇 시 반' 이라고 하는 시각을 읽는 방법을 가르칩니다.

숫자능력은 추상개념이 많기 때문에 가르치지 않으면 알 수 없습니다. 그렇다고 해서 그때그때 되는 대로 지도하는 것은 효과가 없습니다. 역시 어린 아이의 연령이나 발달을 고려한 지도계획에 의해 만들어진 지도서를 필요한 교재와 함께 사용하는 것이 좋습니다.

수학에는 자유로운 사고방식을 기르는 것이 중요합니다.

'융통성이 없다' 라는 말이 있습니다. 언제나 일정한 틀에 박힌 사고밖에 할 수 없고, 임기응변에는 머리가 잘 돌아가지 않는 것을 뜻합니다.

수학의 경우, 이런 틀에 박힌 사고가 큰 적입니다. 수학에는 여러 가지 논리가 있습니다. 각종 문제를 대할 때 여러 가지 다른 각도에서 생각해 보는 습관을 키우고 '융통성 있는' 자유로운 사고방식을 기르는 것이 중요합니다. 혼자서 생각하고, 혼자서 발견하는 즐거움이 수학 실력을 신장시키는 힘의 원천이 되는 것입니다.

언어지능능력이란 읽었던 것과 들었던 것을 정확히 파악하고 이해하여 표현하는 능력입니다. 문장이나 단어, 말을 이해하는 힘과 지식이나 자기의 생각을 정확하고 확실하게 상대방에게 전달하는 능력과 연결된 것입니다.

같은 색끼리 분류하여 **집합**의 기초를 쌓아주는

같은 것 끼리 분류해 볼까요?

■ 주제 수 개념이 발달해요.

■ 우리 아이 이런 지능이 달라져요
　　같은 크기나 같은 색 끼리 분류하게 하여 지식과 학문의 기
　　초를 쌓아 줍니다.

■ 이런 것이 필요해요
　　바둑돌, 색색깔의 유리구슬, 작은 상자 등

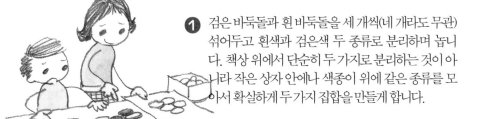

❶ 검은 바둑돌과 흰 바둑돌을 세 개씩(네 개라도 무관) 섞어두고 흰색과 검은색 두 종류로 분리하며 놉니다. 책상 위에서 단순히 두 가지로 분리하는 것이 아니라 작은 상자 안에나 색종이 위에 같은 종류를 모아서 확실하게 두 가지 집합을 만들게 합니다.

❷ 구슬을 사용할 경우는 "빨간 구슬은 이쪽 상자에, 파란 구슬은 저쪽 상자에 넣으세요." 하며 집합을 만들게 합니다. 구슬은 반드시 원색 구슬이 좋으며, 색의 이름을 모르는 아이에게는 "이것과 같은 색"이라든가 "이것과 같은 빨간 구슬을 이 상자에 넣어 봐요." 라는 식으로 지시합니다.

❸ 처음에는 두 종류의 집합을 만들게 하고, 잘할 수 있게 되면 세 종류를 섞어서 세 개의 집합을, 네 종류를 섞어서 네 개의 집합을 만들어 봅니다. 너무 종류가 많으면 혼동하기 쉬우므로 다섯 종류 정도가 한도입니다.

❹ 색에 따른 집합 만들기가 끝나면 모양에 따른 집합을 만들도록 합니다. 원과 사각형, 삼각형과 사각형의 집합을 두 개의 집합으로 분류시키게 합니다. 그 외에 야채와 과일, 컵, 숟가락을 재료로 한 집합 만들기도 가르쳐 주세요.

무게의 개념을 심어주는 수학지능 계발

무게를 비교해 볼까요?

■ 주제 지각 능력이 발달해요.

■ 우리 아이 이런 지능이 달라져요

시소 놀이를 하면서 무게의 개념을 심어 줍니다.

■ 이런 것이 필요해요

그림, 시소, 자, 컵, 연필, 구슬, 물 등

❶ 공원이나 놀이터에 있는 시소를 이용합니다.

• 엄마와 아이가 시소 양쪽에 타면 어느 쪽으로 기울어지는지 경험시키고 무거운 쪽으로 기울어진다는 것을 가르쳐줍니다.
• 같은 또래 아이를 시소 양쪽에 한 사람씩 태우고 어느 쪽이 무거운지 비교하게 하고 무거운 쪽이 내려가는 모양을 관찰시킵니다.

❷ 그림과 같이 연필 위에 자를 놓고 양 끝에 물을 넣은 같은 크기의 컵을 놓습니다.
• 컵에 같은 양의 물을 넣고 양 끝을 놓으면 어떻게 되는지 실험을 합니다.
• 컵에 다른 양의 물을 넣었을 때 어떻게 되는지 관찰하게 합니다.
• 컵에 같은 양의 물을 넣고 한쪽 컵에 구슬이나 바둑돌, 작은 돌을 넣으면 어떻게 되는가 실험해 봅니다. 물 말고 다른 무언가를 더 넣은 컵이 무거워져 내려가는 것을 볼 수 있게 될 것입니다.
• 자를 완전한 균형 상태로 해두고 한 쪽 컵 안쪽을 손가락으로 조금 눌러 봅니다. 손가락으로 누른 쪽이 내려갑니다.

문제는 흥미롭게 만듭니다.

 수학 공부에서 중요한 것은, 집중력의 지속입니다. 그러기 위해서는 내용의 흥미로움이 필요조건이라고 말할 수 있습니다. '철수는 영희에게 1000원을 주었다. 영희는 그 중의 1/5로 ○○를 샀다……' 라고 할 때, 철수와 영희를, 아빠와 엄마로, 또는 만화 주인공의 이름으로 바꾸거나 하는 것만으로 문제를 해결하려고 하는 의욕을 가지게 할 수 있습니다. 아이가 '이 문제는 재미있어' 라고 생각했을 때, 집중력을 지속되고, 그것이 수학은 재미있는 것이구나 라는 생각을 하게 됩니다.

생활 속에서의 응용을
꾀합니다.

수학의 본질은 매우 추상적입니다. 그러나 그 원리의 응용이라는 관점에서 수학만큼 일상생활과 밀접한 과목도 드물 것입니다. 장보기는 물론, 자동판매기로 표를 사거나, 열차 시각표를 보면서 여행계획을 세우거나 하는 중에도 얼마든지 생활 속에서 응용을 꾀할 수 있습니다. 더구나, 그것을 자연스럽게 경험하게 하는 것이 '비결' 이라고 할 것입니다.

언어능력지능은 1살은 한 단어 유아어인 '멍멍' 같은 말로 표현을 하고 2살은 두 단어의 문장 '엄마 맘마' 등을 이야기 하지만 빠르게 발달하는 시기입니다.
이 시기의 아이는 혼자 놀면서 중얼거리기도 하고 같은 말이라도 몇 번씩 듣고 싶어 하고 그림책 등을 읽어 달라고 조르기도 합니다.

넓이를 비교해 볼까요?

■ 주제 지각 능력이 발달해요.

■ 우리 아이 이런 지능이 달라져요
넓고 좁음을 비교하여 공간 개념을 심어 주세요.

■ 이런 것이 필요해요
바둑판(또는 장기판), 바둑돌, 구슬

❶ 세 살 된 아이는 장기판, 네 살 된 아이는 바둑판으로 노는 것이 좋습니다. 두 사람에서 네 사람까지 동시에 게임에 참가할 수 있습니

❷ 가위바위보로 이긴 사람이 네모 안에 자기의 바둑돌이나 구슬을 한 개씩 놓고 자기의 영토로 합니다. 네모가 모두 메워지면 누가 가장 많이 점령했는가 비교하여 넓이의 대소로 승부를 결정합니다.

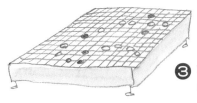

❸ 바둑돌을 써서 바둑판 위에 여러 가지 넓이를 만들어 비교시켜도 좋을 것입니다.

굵기와 두께의 차이를 비교하여 **지각지능**을 키워주는

굵기와 두께의 비교해 볼까요?

■ **주제** 수 개념, 지각 능력이 발달해요.

■ **우리 아이 이런 지능이 달라져요**
두세 가지 물건으로 굵기와 두께의 차이를 비교하게 합니다.

■ **이런 것이 필요해요**
굵기와 두께가 다른 물건 몇 개

① 무와 우엉, 연필과 귤, 엄마의 팔과 아이의 팔 등을 비교시키고 어느 쪽이 굵고 가는지를 묻습니다.

② 사전과 그림책, 두 권의 공책, 이불 두 채 등을 비교하여 어느 쪽이 두껍고 얇은지를 묻습니다.

③ 손으로 들 수 있는 물건이라면 아이에게도 들어서 비교하게 하고, 굵고 가는 것과 무게, 두껍고 얇은 것과 무게의 관계를 자연스럽게 깨닫게 합니다.

수학의 재미를 맛보게 합니다.

'좋아하는 일은 능숙해진다' 는 말대로 수학을 좋아하게 하는 것이 수학능력을 신장시키는 최선의 방법입니다. 더구나 수학은 좋아하게 될 조건을 많이 갖추고 있습니다. 생각하는 즐거움, 발견의 즐거움, 해결하는 즐거움 등, 수학의 재미를 맛볼 수 있는 상황이 얼마든지 있습니다. 게다가 수학은 항상 해답이 확실히 정해져 있습니다. 잘하는 아이의 답도, 잘못하는 아이의 답도 같기 때문에 실은 평등합니다. 국어나 사회같이, 우수한 답과 그저 그런 답이라고 하는 것이 없습니다. 그러니까 열등감도 우월감도 나타나는 일이 없는 것입니다. 이런 것들은 공부에 대한 의욕에 있어서 정말로 중요한 것입니다. 게다가 해답의 맞고 틀림을 혼자서 바로 대조, 비교할 수 있습니다. 또 수학은 타과목과 비교하면 쉬운 것부터 어려운 것까지 한 걸음 한 걸음 계단을 오르듯이 구성되어 있기 때문에, 이 계단을 헛디디지만 않는다면 착실하게 발전할 것입니다. 그리고 그 발전의 결과를 혼자서 확인할 수 있는 장점도 있습니다.

수학을 잘 하는 어머니일 필요는 없습니다.

부모는 선생님과 다르기 때문에, 수학에 강하지 않아도 좋습니다. 그저 '수학은 재미있는 것입니다.' 라는 것을 자신의 아이와 함께 맛볼 수 있는 여유 있는 태도가 필요합니다. 아이가 지겨워할 때는 격려해 주고, 잘했을 때는 칭찬해 주는 등 수학에 대한 의욕을 계속해서 가지게 할 수 있는 애정만 있으면, 아이의 성적은 부쩍부쩍 향상이 될 것입니다.

3~4세의 언어 지능 능력은 아이가 친구가 생기고 외부의 사람들과 만나게 되면서 많이 발달하는 시기입니다. 이시기에는 풍부한 단어를 가지고 900에서 1300개의 단어를 이해하고 구사할 수 있으며 현재와 미래, 과거 등을 이야기 할 수 있고 자신의 생각이나 기분 등을 다른 사람에게 전할 수 있는 시기입니다.

3~4세는 자기가 좋아하는 그림책이 생기기도 하여 서점에 같이 가서 같이 책을 고르는 것도 좋습니다.

언어 지능능력은 말을 많이 하고 많이 들은 만큼 발달하는데 자기 표현을 적극적으로 하게 하면 아이의 언어 발달은 쑥쑥 자랍니다.

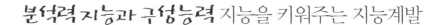

분석력 지능과 구성능력 지능을 키워주는 지능계발

도형배우기

■ 주제 분석력을 길러줘요.

■ 우리 아이 이런 지능이 달라져요
　　종이 자르면서 도형을 알게 되고 구성력, 분석력을 길러 줍
　　니다.

■ 이런 것이 필요해요
　　그림, 스케치북, 크레파스, 가위

❶ 왼쪽에 그려진 그림을 엄마가 손가락으로 하나씩
짚어가면서 "오른쪽 그림은 왼쪽 그림을 가위로 자
른 거란다. 네가 생각할 때 어떻게 자른 것일까? 자,
크레파스를 들고 점선을 따라 한번 그려볼까요?"라
며 점선을 따라 삼각형이나 사격형, 마른모 등의 도
형 맞춰 크레파스로 그리게 해줍니다.

❷ 단 점선을 따라 그리기 전에 먼저 아이에게
모양을 충분히 보게 한 다음 스스로 그림을
선택하게 해주는 것이 좋습니다.

Point 점선을 따라 그리기가 모두 끝난 뒤 엄마가 모양이 같은 도형을 스케
치북으로 옮겨 그리고 가위로 잘라 아이에게 그 모양을 확인시켜주면
이해가 빠를 것입니다.

주사위 놀이 할까요?

■ 주제 사회생활 능력, 수 개념이 발달해요.

■ 우리 아이 이런 지능이 달라져요

주사위 게임을 하면서 규칙을 지키는 것을 익히고 수를 이해
하게 합니다.

■ 이런 것이 필요해요

시판되고 있는 주사위 놀이판, 주사위

❶ 시판되고 있는 주사위 놀이판 중 사회생활을 테마로 한 것을 골라서 엄마를 포함하여 여러 명이 같이 놉니다.

❷ 놀이 도중에 "영이는 철수보다 몇 개 이기고 있네." 라는 식으로 수를 결부시켜서 이야기해 가면 여섯까지의 수를 확실하게 이해할 수 있게 됩니다.

❸ 지켜야만 하는 규칙이 있다는 것을 가르쳐 주고 꾀를 부리는 것이나 예외를 인정하지 않도록 합니다.

Point 주사위 놀이는 수의 합성, 분해를 배우게 합니다.

유아 때에 꼭 해야 하는 지능계발 놀이 Point • 1
숫자와 수사, 물건의 집합을 하나로 연결시켜주는 수학입니다.

●카드 맞추기

①엽서 정도 크기의 카드를 18장 준비해서, 거기에 1부터 9까지의 숫자와 일, 이, 삼……구까지의 수사를 써넣습니다.

②그 다음, 실제로 셀 수 있는 물건으로 바둑돌이나 구슬, 캐러멜 등 다루기 쉬운 물건을 무엇이든 상관없이 45개 준비합니다.

③처음에 숫자카드를 잘 섞어 모아 뒤집어 놓고, 한 가운데에 둡니다. 그 주위에 수사를 써넣은 9장의 카드를 중심을 향해 따로 따로 놓습니다.

④엄마와 둘이서 가위 바위 보를 해서, 이긴 쪽이 한가운데 놓여 진 카드 한 장을 젖힙니다.

□3이 나왔습니다. 그 다음 □삼의 카드를 찾아 겹칩니다. 게다가 그 □3의 카드위에 구슬 등 준비한 물건을 3개 놓습니다. 이것으로 1번째 게임은 끝납니다. 다시 가위 바위 보를 해서 놀이를 계속 해나갑니다.

⑤카드 2장과 실물의 합계가 많은 쪽이 이기게 됩니다.

놀이를 통해서
수학을 좋아하게 만듭니다.

일, 이, 삼…… 이라는 단어를 수사라고 합니다. 어릴 때, 목욕탕에 들어가서 이 수사를 억지로 말했었던 기억이 있는 어머니도 계실 겁니다. 50까지 아니, 100까지, 아무리 많이 셀 수 있다고 하더라도, 수를 이해했다고 말할 수 없다는 것은 잡지에도 많이 실려 있어서 잘 알고 계실지 모르겠습니다.

수사가 나타내는 양이 어느 정도인지를 구체적으로 파악하는 것이 중요합니다. 일, 이, 삼…… 이라고 하는 단어만 알고 있는 것은 그다지 의미가 없는 것입니다. 그래서 수학 입문기에 배우는 수의 개념을 터득하기 위한 놀이가 정말로 효과 있는 학습방법인 것입니다.

5~6세의 언어 지능 능력은 대화에 지장이 없을 정도로 발달해 있고 속어나 비속어를 좋아합니다.
이 시기에는 5,000단어 정도를 이해하고 2,000단어를 자유자재로 활용하여 말을 합니다.
언어 지능 능력에는 말하기와 쓰기가 있습니다.
쓰기는 적당히 아이가 싫어하지 않을 만큼 가르쳐 주고 듣는 것과 말하는 것에 중심을 두는 것이 좋습니다.
5~6세의 시기는 자기 중심적인 말에서 대화로 변해가는 가장 중요한 시기입니다.

언어능력과 지각변별력 지능을 키워주는 지능계발

선 그리기 해 볼까요?

■ 주제   언어 능력, 수 능력이 발달해요.

■ 우리 아이 이런 지능이 달라져요

　　글씨와 숫자를 쓰기 전의 기초 연습을 합니다.

■ 이런 것이 필요해요

　　점선이 인쇄된 용지, 연필, 컴퍼스

❶ 글씨와 숫자를 잘 쓰기 위해서는 아이가 지각에 대한 변별력이 있어야 하고 눈으로 보고 손으로 그리는 순발력이 있어야 하며, 손재주도 발달되어져야 합니다. 따라서 글씨와 숫자를 쓰기 전에 정확한 기초연습이 필요합니다. 기초연습은 가로줄과 세로줄 긋기, 곡선 등을 자유자재로 그리도록 숙지시켜 주면 됩니다.

❷ 기초연습 순서는 가로, 세로, 곡선 등을 그리기 쉬운 것부터 점차 어려운 단계로 연습시키면서 아이에 대해 초조한 마음을 버리고 끝까지 지켜보면서 파이팅 해주면 됩니다.

❸ 처음 연습은 크레파스나 매직 등의 굵은 것으로 도화지에 인쇄된 점선을 따라 그리도록 해줍니다. 그 다음으로 점과 점, 곡선을 연결하는 연습을 하게 합니다.

❹ 컴퍼스 사용도 처음엔 큰 것을 사용하게 해주다가 점차적으로 작은 컴퍼스로 바꿔주면 됩니다.

Point 가로세로 줄이나 곡선을 잘 그릴 수 있는 아이라면 글씨와 숫자를 쓰게 하는 것도 좋습니다. 반복적인 기초연습을 통해 글씨와 숫자에 익숙해지면 실제 글씨나 숫자 쓰기 연습을 하는 것도 좋습니다.

수학지능 능력과 구성능력을 키워주는 지능계발

공간 도형의 위치를 알아볼까요?

■ 주제 수 능력이 좋아져요.

■ 우리 아이 이런 지능이 달라져요
위치를 이리저리 바꾸면서 공간 능력을 길러 줍니다.

■ 이런 것이 필요해요
바둑판(혹은 장기판), 바둑돌

① 엄마와 아이가 바둑판을 중간에 놓습니다. 그리고 엄마가 먼저 바둑판 위에 바둑돌을 늘어놓고 아이에게 엄마와 동일한 위치에 바둑돌을 놓도록 유도합니다.

② 엄마가 자신 앞에 놓은 바둑돌의 위치를 이리저리 바꾸면서 아이에게 따라하게 한다면 상하좌우의 방향을 자연스럽게 숙지시킬 수 있습니다.

③ 이밖에 아이가 바둑돌을 좋아하는 형태로 늘어놓게 하여 엄마가 따라하는 것도 좋습니다.

Point

만약 바둑이나 오목에 아이가 관심을 보인다면 이것을 가르치는 것도 수학지능을 빠르게 발전시킵니다.

유아 때에 꼭 해야 하는 지능계발 놀이 Point • 2
물건의 색, 모양, 종류 등의 조건으로 분류하는 능력을 키워줍니다.

●같은 종류 모으기

① 여러 가지 물건을 놓아 놓습니다.
② 그리고 모아 놓은 물건들을 가지고
아이에게 사용법에 따라 나누어 보도록 합니다.
③ 어떤 분류 방법으로 했는지 물어보고
더 어려운 분류 방법을 가르쳐 줍니다.

유아 때에 꼭 해야 하는 지능계발 놀이 Point • 3
숫자를 바르게 변별하는 힘을 키워줍니다.

●숫자 연결하기

① 종이에 숫자가 같은 카드를 만들어 2조씩 뿔뿔이 흩어져 있습니다.

② 가위 바위 보를 해서, 이긴 사람부터 1과1, 2와2, 3과3같이 같은 숫자를 선으로 연결합니다.

③ 어떤 곡선이라도 상관없지만 다른 선과 부딪혀서는 안 됩니다.

④ 선을 그을 수 없게 된다면 지는 것입니다.

올바른 수개념을 심어주는 수학지능 계발

잘못된 숫자는 무엇일까요?

■ 주제 수 능력이 발달해요.

■ 우리 아이 이런 지능이 달라져요
    잘못된 숫자를 발견하게 하여 올바른 수개념을 심어 줍니다.

■ 이런 것이 필요해요
    도화지와 크레파스

❶ 아래 그림은 어린아이들이 흔히 잘못 쓰는 글씨를 참고로 하여, 1에서 10까지의 수를 연속해서 쓰고 그 가운데 4,5개 정도 잘못된 것을 집어넣은 것입니다.

❷ "1에서 10까지의 수가 있지? 어딘가 이상한 숫자가 섞여 있네. 찾아보고 표시를 해봐." 하고 X표를 잘못된 숫자에 쓰게 합니다. 이것도 여러 가지로 변화 있게 시켜 보세요.

Point 숫자가 익숙해지면 한글이나 알파벳 등으로 넓혀가면 좋습니다.

127

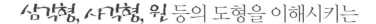

삼각형, 사각형, 원 등의 도형을 이해시키는

종이접기 해 볼까요?

■ 주제 수 개념이 발달해요.

■ 우리 아이 이런 지능이 달라져요

　　종이접기를 하면서 삼각형, 사각형, 원 등의 도형을 이해시
　　킵니다.

■ 이런 것이 필요해요

　　종이, 가위, 종이테이프, 풀

 ❶ 종이 한 장을 손에 들고 뭐냐고 묻고 사각형이라고 설명합니다.
사각형을 대칭선을 따라서 접고 "모양이 바뀌었지? 이것은 뭘까?" 라고 묻고 삼각형인 것을 설명해 줍니다.

❷ 종이 한 장을 접어 같은 식으로 직사각형이라는 것을 가르칩니다.
아이에게도 종이를 주고 함께 접으면서 '삼각형' '사각형' '직사각형' 이라고 따라 하게하고 모양과 이름을 이해시킵니다.

 ❸ 종이를 접어서 가위로 잘라 삼각형, 사각형, 직사각형을 많이 만듭니다.
종이 한 장을 두 쪽으로 자르는 놀이가 끝나면 네 쪽으로 자르고, 하나의 사각형에서 삼각형, 사각형, 직사각형을 어느 정도 만들 수 있다는 것을 설명합니다.

❹ 엄마가 아이가 보는 앞에서 몇 개의 원을 오려내어 보여주고 "이것이 뭐지?" 라고 질문을 하고 '원' 이라는 것을 설명합니다.
전부 다 붙였으면 책상 위에 늘어놓고 하나씩 손으로 가리키며 "이것은 무엇으로 보이지?" 라고 묻습니다. 아이는 안경, 오뎅, 허수아비 등 여러 가지로 연상을 하여 알고 있는 모든 것을 답할 것입니다.

Point 도형과 창조력을 높이는 놀이입니다. 깜짝 놀랄 만한 답이 나올지도 모르니 웃거나 가볍게 대하지 말고 관심을 가지고 칭찬해 주세요. 창의력 지능이 발달해 가고 있는 증거이기도 합니다.

유아 때에 꼭 해야 하는 지능계발 놀이 Point • 4
수의 합성, 분해를 배우게 합니다.

● 주사위 놀이

① 주사위를 2개 준비합니다.

② 함께 주사위를 흔들어 던져 주십시오.

③ 두 개의 주사위 윗면의 수를 합하면 얼마가 됩니까.

④ 두 개의 주사위 윗면의 수의 차이는 얼마입니까.

유아 때에 꼭 해야 하는 지능계발 놀이 Point • 5

수를 합성하는 힘을 키워줍니다.

●2장으로 10만들기

① 카드를 33장 준비합니다.

② 0부터 10까지의 수를 3장씩 씁니다.

③ 카드를 따로 따로 해서 책상위에 배열합니다.

④ 가위 바위 보로 이긴 쪽부터 1회 2장씩 젖혀서 2장으로 10이 되도록 카드를 모읍니다.

⑤ 카드를 많이 모은 쪽이 이기게 됩니다.

숫자의 흥미와 **수학지능** 능력을 키워주는 지능계발

가위바위보 해 볼까요?

■ 주제 수 능력이 발달해요.

■ 우리 아이 이런 지능이 달라져요
　　가위바위보로 승부를 겨루며 수에 관한 흥미를 높여 줍니다.

■ 이런 것이 필요해요
　　엄마와 아이

❶ 엄마와 아이가 함께 공원이나 계단 등에서 하면 됩니다. 출발점과 결승점을 정하거나 첫 계단에서 마지막 계단까지 먼저 오르기를 정한 다음 가위·바위·보를 하여 승리했을 때는 한걸음 또는 한 계단씩을 전진하는 놀이입니다. 먼저 결승점에 들어가거나 먼저 계단을 올라간 사람이 승리하는 게임입니다.

❷ 가위로 지면 두 걸음 후퇴, 바위로 지면 세 걸음 후퇴, 보로 지면 다섯 걸음 후퇴라는 규칙을 추가하면 좀처럼 승부가 가려지지 않아서 오랫동안 즐길 수 있습니다.

Point   아이가 적응을 하면 숫자를 늘려가며 바위로 질 때는 세 걸음 후퇴, 가위로 질 때면 다섯 걸음 후퇴, 보로 질 때는 열 걸음 후퇴라는 규칙을 추가한다면 숫자에 대한 지능인식이 빠르게 발전할 것입니다.

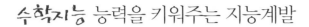

수학지능 능력을 키워주는 지능계발

1에서 12까지의 숫자 잇기 해봐요

■ 주제 수 능력이 발달해요.

■ 우리 아이 이런 지능이 달라져요
　　1에서 12의 숫자를 연결하여 완성시켜서 숫자에 대한 관심
　　을 높여 줍니다.

■ 이런 것이 필요해요
　　스케치북, 크레파스

❶ 어떤 모양을 1에서 12까지의 숫자를 점처럼 이용해 아이가 차례대로 연결하여 완성시키는 놀이입니다. 엄마는 아이가 좋아하거나 알고 있는 동식물이나 사물에서 몇 가지를 찾아 스케치북에 그 모양을 점으로 그려 아이에게 연결하도록 하면 됩니다.

❷ 숫자를 점처럼 이용해 만든 그림을 아이에게 주면서 "1에서 차례대로 점을 이어 보세요. 모두 이어지면 어떤 모양이 나타날 거야."라면서 선을 그리도록 유도해 줍니다.

❸ 아이가 그림을 완성시키면 자신이 좋아하는 색을 칠하게 합니다.

Point 엄마는 완성된 그림에 대해 아이에게 그림과 연관된 재미있는 이야기를 들려줍니다. 한글 자음이나 알파벳을 차례로 연결 하도록 하면 한글이나 영어가 지능이 빠르게 발달합니다.

유아 때에 꼭 해야 하는 지능계발 놀이 Point • 6
넓이(면적)개념을 파악하게 합니다.

● 자리 차지하는 게임

① 방안지, 크레용 2가지색을 준비합니다.

② 가위 바위 보를 해서 이긴 쪽이 �☐의 속을 하나씩 칠합니다.

③ 전부 다 칠하면, 그 넓이를 �☐의 수로 비교해서 승부를 결정합니다.

※ 칠하는 장소는 어디라도 상관없습니다.

유아 때에 꼭 해야 하는 지능계발 놀이 Point • 6

그래프 만들기의 기초를 배울 수 있습니다.

● ○×그래프 만들기

① 아이와 가위 바위 보를 합니다.

② 이기면, ○, 지면 ×를 써넣습니다.

③ 20회 진행해서 ○가 많은 쪽이 이기게 됩니다.

숫자에 대한 흥미와 관심을 높여주는 수학지능 계발

사다리 놀이 해 볼까요?

■ 주제 수 능력이 발달해요.

■ 우리 아이 이런 지능이 달라져요
    1부터 10까지의 숫자에 대한 흥미와 관심을 높여 줍니다.

■ 이런 것이 필요해요
    큰 모조지 한 장, 크레파스

❶ 그림과 같이 아이와 함께 사다리 놀이판을 만듭니다.

❷ 작은 돌을 말로 삼아서 엄마와 가위바위보를 해서 이기면 한 단계 올라갑니다. 마지막까지 빨리 도착한 사람이 이깁니다.

❸ 고양이 야옹야옹 - 송사리 학교 - 코끼리 아저씨 - 어여쁜 튤립 - 귀여운 인형 주먹 쥐고 손을 펴고 - 어미 새와 일곱 마리 아기새 - 칙칙폭폭 기차 - 드넓은 바다 - 느릿느릿 달팽이.
이런 식으로 말을 잇는 사다리 놀이입니다. 노래를 부르듯이 리드미컬하게 재미있게 놉니다.

Point 10가지 숫자를 익힌 아이는 숫자를 20~30까지 늘려갑니다.

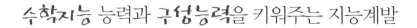

여러 가지 도형 만들어 봐요

- ■ 주제 구성 능력이 발달해요.

- ■ 우리 아이 이런 지능이 달라져요
    색종이로 여러 가지 도형을 만들면서 도형에 대한 관심을 높
    여 줍니다.

- ■ 이런 것이 필요해요
    색종이, 가위, 풀, 병

❶ 엄마가 미리 만들어 놓은 다양한 도형을 아이에게 보여주면서 도형 이름을 말하게 합니다.
아이에게 색종이를 접어 작은 네모를 만들게 하면서 많이 접을수록 네모 개수도 많아지고 크기도 달라진다는 것을 말해줍니다.

❷ 동일한 방법으로 세모를 만들게 하면서 동그란 모양은 병으로 본을 만들고 오리게 합니다.
세모네모로 접은 색종이를 평편하게 편 다음 가위로 오려 따로따로 구분하게 합니다.

❸ 오려진 세모와 네모모양의 색종이를 사용해 재미있는 도안 만들기를 엄마와 함께 합니다. 이밖에 다양한 탈 것도 엄마와 함께 만들면 됩니다.
이런 작업을 통해 아이는 자연스럽게 도형에 대한 이름을 정확하게 숙지하게 되면서 도형이 가지고 있는 성질까지 이해할 수 있게 됩니다.

Point

도형 만들기가 익숙해지면 색과 모양으로 구분하거나 크기까지 비교하게 되면서 자연스럽게 스스로 도안을 할 수 있게 됩니다.

유아 때에 꼭 해야 하는 지능계발 놀이 Point • 7
수의 분해 능력을 키워줍니다.

● 성냥개비 놀이

① 성냥개비를 5개(10개라도 좋다) 준비합니다.
② 양손에 성냥개비를 나누어 쥐고, 한쪽 손을 펴서 몇 개 있는지를 확인합니다.
③ 그러면, 나머지 한쪽 손에는 몇 개 있는지 맞추게 합니다.

* 그러면서 삼각형, 사각형, 마른모 등을 만들며 분해능력과 도형를 쉽게 접근할 수 있게 합니다.

빠른 연상 작용이
수학을 결정합니다.

계산 문제라고 하면, 항상 두세 개는 틀리는 아이가 있습니다. 이런 실수의 대부분은 경솔한 탓도 있지만 수를 연상하는 속도에 의한다고 해도 과언은 아닙니다. 그런 연상 작용은 도대체 어떠한 것일까요, '삼' 이라고 하면, 또는 '3' 이란 숫자를 본 순간, 반사적으로 그것이 어떤 형태로 뇌리에 떠올려지는 것인가 하는 것입니다.

사과 3개의 이미지라도 좋고, 손가락 3개가 떠올라도 좋습니다. 요는 그런 이미지가 머릿속에 바로 그려지는 것이 제일 조건입니다.

다음은 5라는 숫자를 가리킬 때, 5의 구성이 구체적으로 떠오르는 것입니다. 5에는 1과4, 2와3, 3과2, 4와1과 같이 4가지 구성방법이 있습니다. 이 5의 구성방식을 확실히 알고 있으면, 자리올림이나 자리내림의 문제에 대해 위력을 발휘할 수 있습니다. 그리고 최종적으로는 10의 구성을 완벽하게 기억하고 있는 것이 중요합니다.

이러한 것 외에, 연상을 빠르게 하기 위해서는 어쨌든, 수와 친해지는 기회를 많이 가지게 해야 합니다. 그러기 위해서 트럼프놀이, 구슬놀이 등을 많이 시키는 것도 효과적입니다.

수에 대한 관심을 높여 주는 **수학지능** 계발

다른 주사위 놀이 해봐요

■ 주제 수 능력이 발달해요.

■ 우리 아이 이런 지능이 달라져요
    주사위 놀이를 하며 수에 대한 관심을 높여 줍니다.

■ 이런 것이 필요해요
    주사위 4개

❶ 처음에 주사위를 한 개 굴려서 나온 눈의 수를 얼마인가 묻고 확인합니다.

❷ 다음에 두 번째 주사위를 굴려서 나온 수가 얼마인가를 묻고 확인한 다음에 양쪽을 합쳐서 얼마인가 묻습니다.

❸ 하나 둘 셋 하고 세게 하고 모두 얼마인가 말하게 합니다.

❹ 두 개의 주사위를 함께 굴려서 눈의 수의 합을 말하게 합니다. 두 개의 주사위 중 어느 쪽이 수가 얼마나 많은지 말하게 합니다.

수에 대한 흥미를 갖게하는 **수학지능** 계발

돌 모으기 해 봐요

■ 주제 수 개념이 확장되요.

■ 우리 아이 이런 지능이 달라져요

　색과 모양을 비교 판단하면서 수에 대한 흥미를 갖게 합니
다.

■ 이런 것이 필요해요

　작은 돌 몇 개

❶ 크고 작은 여러 가지 돌을 아이와 둘이서 주워 모아 잘 씻습니다. 잘 말리고 나서 놀아 주세요.

❷ 돌의 크기 구별과 수, 돌의 색깔 구별과 수, 돌의 길이 구별과 수 등 종류를 나누고 수를 세는 작업을 합니다.

❸ 아이에게 마음대로 분류하고 세게 합니다.

❹ 돌을 던지는 등 위험한 장난을 하지 않도록 주의를 줍니다.

수학에서
비교의 중요성이 제일 큽니다.

'내 주스가 더 적다'

'아빠보다 엄마가 더 좋다'

'저 상점이 더 싸다' 등

'비교 합니다' 라고 하는 것은 일상생활 가운데에서 상당히 빈번히 일어나는 상황입니다. 그 중에서도 수학과 직접 관련이 있는 비교방법에는 2가지가 있다는 것을 알고 계십니까?

한 가지는 '키가 10센티미터 더 작다' 고 하듯이 단순한 '양의 차이'로 나타내는 방법, 다른 한 가지는 '내 체중은 아버지의 2/5다' 라고 하듯이 비율로 나타내는 방법입니다. 차이의 비교라는 것은 비교적 단순하지만 한 가지 반드시 주의해야 하는 것은 단위가 다른 것끼리는 그대로 비교할 수 없다는 것입니다. '내 키와 아버지의 체중 중에서 어느 쪽이 더 클까?' 처럼, 키의 높이와 체중의 크기를 비교해서는 의미가 없고 또 다른 단위를 사용하기 때문에 근본적으로 비교가 불가능합니다. 비교 기준이 되는 것이라는 의미에서 단위라는 개념은 수학의 여러 가지 경우에서 필요합니다.

분류, 정리는
수의 출발점입니다.

생활이나 놀이를 하다 보면 그래프나 표를 사용하면, 편리한 경우가 많이 있습니다. 또 자료 정리를 해서 표나 그래프로 종합하거나 나타내거나 한 편이 알아보기 쉬운 경우도 많이 있습니다. 그런데 유아 단계에서는 이것은 표, 이것은 그래프라고 분명히 판별할 수 있는 것과 그 중간 형태로 어느 쪽이라고도 말할 수 없는 것이 있습니다. 일반적으로는 다음과 같이 나눕니다.

표라는 것은 문장형태에 의하지 않고, 알기 쉽도록 하기 위해서 필요한 항목을 배열해서 쓰고, 각각의 항목에 대해서의 결과를 명확히 해놓는 것입니다.

그래프라는 것은 전체 상황을 한눈에 알 수 있도록 수집된 자료를 그림의 크기, 막대선의 길이, 꺾은선의 변화 등을 이용해서 그린 도표입니다.

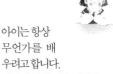

아이는 항상 무언가를 배우려고 합니다. 배워서 익힌 것을 실험하고 싶다는 욕구를 가지고 있습니다.
아이의 이런 희망을 정확하게 파악하여 살려주느냐 못 살려주느냐에 따라 아이의 장래가 성공한 행복한 사람과 그렇지 못한 사람으로 결정되는 중요한 시기인 것입니다.
창의력 지능 능력은 하나의 사실을 여러 가지 각도에서 생각하는 능력입니다.

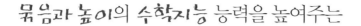

묶음과 높이의 수학지능 능력을 높여주는

저금통을 털어보자

■ 주제 묶음과 높이, 더하기 빼기의 수 능력이 달라져요.

■ 우리 아이 이런 지능이 달라져요

숫자의 감각을 기르며 연산, 더하기와 빼기를 하기 위한 준
비 활동입니다.

■ 이런 것이 필요해요

동전이 들어있는 저금통이나 집에 있는 여러 종류의 동전들.

❶ 동전을 같은 것끼리 모아보고 어떤동전이 많은지 물어
봅니다.
"어떤 동전이 제일 많을까요?"

❷ 같은 숫자로 모은 동전을 세는 작업을 합니다.
"동전을 10개씩 모아서 몇 개인지 볼까요?"

❸ 10개의 묶음이 되지 않은 동전을 세어봅니다.

Point 책이나 다른 두꺼운 것을 비교하며 동전의 높이와 개수를 알아보는 것
도 아이에게 새로운 궁금증과 흥미를 가져다줍니다.
돈을 만지고 나면 손을 깨끗하게 씻도록 하여야 합니다.

크기의 비교와 분류하는 수학능력 지능을 높여주는

빨래한 것을 정리해 보자

■ 주제 비교와 분류의 수학능력이 향상되요.

■ 우리 아이 이런 지능이 달라져요

크기의 비교와 분류하여 수를 세어서 사고력과 사회적응 능력을 높여준다.

■ 이런 것이 필요해요

말린 빨래

평범한 아이를 위대하게 키우는 엄마의 센스 지능*Up Play*

❶ 말린 빨래를 개어 접기 전에 아이에게 분류하는
방법을 물어봅니다.
"엄마 옷과 너의 옷을 나누어 보자"

❷ "윗도리 옷과 아랫도리 옷을 나누어 보자"

❸ 옷을 개면서 어른 옷과 이이 옷의 크기를 설명하며 손
뼘으로 재어 크기의 감각을 깨워줍니다.

Point 수건이나 양말을 비교하여 무게를 알아보는 방법도 있으며 손 뼘이나
팔의 크기로 크고 작음을 알아보면 더 좋습니다.

수학에서 중요한
비교를 쉽게 하는 방법은 무엇일까요?

　비교 방법의 두 번째인 비율로 나타내는 방법은 상당히 거부감을 느끼는 아이가 많을 것 같습니다. 최대 포인트는 비교 기준이 되는 크기라는 생각이지만 여기에도 역시 넓은 의미에서의 단위 개념이 포함되어 있습니다. 여기에는 2가지 경우가 있습니다. 몇 배로 나타내는 것과 몇 분의 몇으로 나타내는 것입니다.

　먼저 몇 배로 나타내는 경우의 예를 생각해 보면 '나는 밤을 8개 먹었다. 아빠는 2개밖에 드시지 않았다. 내가 먹은 밤은 아빠의 몇 배일까?' 라는 문제가 있습니다. 비교 기준은 '아빠의 몇 배일까?' 라는 질문에서 아빠의 수(2개)라는 것을 알 수 있습니다. 그 다음, 아빠의 수를 단위로 하기 때문에 그것을 1로 생각합니다. 그리고 비교대상(여기에서는 나의 밤 8개)을 단위의 크기로 나눕니다. 결국, 단위의 크기가 몇 개 있는지를 보는 것입니다. 4개 있군요. 이 단위의 수(4)가 배의 수(4배)인 것입니다. 또 이때의 설명의 예로서 '4는 2의 몇 배인가?' 라는 문제를 만들어서는 안 됩니다. 왜냐하면 4는 2의 2배가 되는 동시에 4

빼기 2를 해도 2가 되기 때문에 아이가 헷갈릴 수 있기 때문입니다.

여기에서 단위 즉 기준이 되는 크기를 이해시키려면 자 또는 리터 컵과 같이 실제로 단위 눈금이 있는 구체물을 사용해서 연습시키는 것이 효과적입니다. 5센티미터의 길이는 1센티미터가 5개 있다, 1센티미터를 단위로 하면 5센티미터는 5배가 된다는 것을 실제로 체험시켜서 기준이 되는 크기와 그 수의 몇 배라는 비교의 의미를 잘 알게 합니다.

다음으로 몇 분의 몇으로 나타낼 경우를 생각해 봅시다. 이것도 역시 기준을 1로 생각하고, 그것을 몇 개로 나눈 중의 얼마라고 하면 그다지 어렵지 않습니다. 수박의 1/4도, 과자의 1/4도 크기 자체는 다르지만, 기준이 되는 것이 1임에는 변함이 없다는 것을 이해시킵니다.

과거의 경험이나 배워서 익힌 지식을 활용하여 새로운 것을 생각해 내고 생각해 낸 각각의 힘을 막힘없이 만들어 내는 종합적인 능력입니다. 1세의 창의력 지능 능력은 호기심이 왕성하여 무엇이라도 흥미를 느끼는 시기입니다. 2세이 되면서 간단한 장난감이나 블록등을 할 수 있지만 아직 창의력 지능 능력은 확실하게 나타나지 않습니다. 하지만 창의력 지능 능력 발달의 기본적인 바탕은 되어있어 앞으로 얼마나 개발해주느냐에 따라 아이의 창의력 지능 능력은 달라질 것입니다.

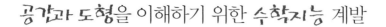

공간과 도형을 이해하기 위한 수학지능 계발

상자로 수학 공부해보자

■ 주제 상자의 크기와 작기, 공간과 도형을 이해하기 위한 수학능력이 좋아져요.

■ 우리 아이 이런 지능이 달라져요
　　　공간과 도형을 이해하기 위한 능력을 길러준다.

■ 이런 것이 필요해요
　　　여러 가지 종이 상자(크기가 다른 상자)

평범한 아이를 위대하게 키우는 엄마의 센스 지능*Up Play*

❶ 상자의 크기를 순서대로 나열하게 만들어 봅니다. 그러면서 상자의 크기를 비교하여 차례대로 구별하게 나눕니다.

❷ 종이상자의 이음새에 따라 펼쳐 보입니다. 상자에 네모가 몇 개 들어가는지를 이해시킵니다.

❸ 펼쳐진 상자를 오려서 몇 개가 모여서 상자가 만들어지는 과정을 아이하고 만들어 봅니다.

Point

종이 상자를 재활용하기 전에 크기별로 골라서 하는 것도 분류하는 능력을 키워주는 하나의 방법이기도 합니다.
입체도형의 신비함을 아이와 함께 상자의 마주보는 부분이나 꼭짓점(뾰쪽한 부분)에 대해서도 알아보면 더 좋은 방법입니다.

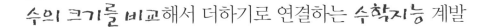

수의 크기를 비교해서 더하기로 연결하는 수학지능 계발

나이로 수학지능을 키워보자

■ 주제 수의 활용과 개념 확장되요.

■ 우리 아이 이런 지능이 달라져요
　　수의 크기를 비교해서 더하기로 연결이 됩니다.

■ 이런 것이 필요해요
　　엄마, 아빠, 아이의 나이를 합한 이쑤시개나 성냥개비, 작은 돌

❶ 우리 가족 중에 누구의 나이가 제일 많을까요?
엄마의 나이를 10개씩 묶어서 세어보고10개 묶음
이 되지않은 낱개는 몇 개일까요?
우리 가족 중에 누구 나이가 제일 적을까요?

❷ 내 나이랑 엄마의 나이가 얼마나 차이가 날
까?
(10개 묶음과 낱개의 구별하는 방법으로 인식
시킵니다)

❸ 우리 가족나이를 합하면 얼마나 될까?
(10개 묶음과 낱개의 더하는 방법으로 가르쳐 줍니
다)

Point 아이는 숫자가 10이 넘어가면 어려워할 수도 있으니 묶음을 여러 개로
나누어서 충분히 경험할 수 있도록 해야 합니다.

숫자를 안다고
수학을 이해하는 것은 아닙니다.

아이가 수를 셀 줄 안다고 수학천재이니 수학신동이니 하면서 자랑하는 부모들을 주변에서 가끔 볼 수가 있습니다. 물론 부모가 아이의 가능성을 믿는 것은 좋지만, 지나친 기대는 도리어 아이를 그르치게 할 수가 있습니다. 다시 말해 아이가 수를 세는 것과 수를 이해하는 것은 완전히 다른 차원입니다. 더구나 아이가 숫자를 기계적으로 암기했다고 수학적으로 뛰어난 것은 절대로 아닙니다. 그렇기 때문에 수를 이해시키기 위해서는 물건과 함께 수를 세는 것을 먼저 가르치는 것이 좋습니다.

수를 세기 시작할 때
다른 것도 함께 가르쳐야 합니다.

 어느 날 어떤 엄마는 놀이터에서 3살 딸에게 숫자를 연습시키기 위해 돌멩이 10개 주워 오라고 했습니다. 그러자 딸아이는 동일한 색깔과 동일한 크기의 돌을 주워왔습니다. 수를 세기 시작할 때의 아이들은 물체의 형상과 추상적인 숫자를 구분하지 못합니다.

 그래서 숫자는 물체로부터 독립한 존재라는 것을 미리 가르친다면 아이의 추상적인 능력이 크게 발전될 것입니다. 이에 따라 단지 숫자를 세게 하기 보다는 돌을 10개 주워오게 하면서 빨강이나 검정 돌, 큰 돌이나 작은 돌 등 모양과 크기가 다른 돌을 주워오게 하는 것이 훨씬 좋습니다.

수를 활용하는 방법을 찾게 해주는 **수학지능** 계발

달력에서 찾는 수학

■ 주제 수 감각 확장과 거꾸로 수를 세는 사고력이 좋아져요.

■ 우리 아이 이런 지능이 달라져요

거꾸로 수를 세는 방법으로 수를 활용하는 방법을 찾게 만들어 줍니다.

■ 이런 것이 필요해요

달력

평범한 아이를 위대하게 키우는 엄마의 센스 지능*Up Play*

❶ 달력에서 가족의 생일이나 아이의 생일 등을 찾아서 표시하며 달력을 보면서 몇 일이 남았는지 같이 세어봅니다.

❷ 달력에서 빨간색으로 된 숫자를 읽어 보도록 하며 몇 개인지 알아보도록 합니다.

❸ 일 년 중에 제일 기다려지는 날이 얼마나 기다려야 하는지 달력에서 찾아보도록 합니다.

Point
탁상용 달력보다는 숫자가 큰 달력으로 하는 것이 좋습니다.
달력에서 숫자를 하나 가리고 다음 숫자가 무엇인지 물어보는 것도 좋습니다.

마트에서 시장을 보자

■ 주제 수 감각 기르기가 달라져요.

■ 우리 아이 이런 지능이 달라져요
　　수의 활용 의미와 이해를 도와줍니다.

■ 이런 것이 필요해요
　　시장바구니, 시장보기 목록

❶ 아이와 마트에 가서 무엇을 살 것인가 같이 적어
보고 몇 가지인지 물어봅니다.

❷ 시장보기 목록 중에서 1,000원으로 살 수 있는 것을
고르게 하고 가져오게 합니다.

❸ 묶음으로 사는 것의 개수를 알아보고 묶음 안에
몇 개가 묶여있는지 물어봅니다.

Point 우유는 유통 기간이 조금씩 다른데 어떤 것을 사야하는지 유통기간의
중요성과 필요성에 대하여 이해시키는 것도 좋은 방법입니다.

물건이나 사물을 묻는 것은 아이의 판별능력이 자라고 있다는 것입니다.

어떤 심리학자가 1살에서 2살 반까지의 유아를 대상으로 적색과 녹색상자를 구분하도록 했습니다. 그 결과 유아는 이것을 구분해내지 못했습니다. 그래서 상자에 적색과 녹색이라고 명명한 다음 다시 시도했는데, 훨씬 빠르게 구분해냈습니다. 그는 또다시 3~5세 아이들에게 바로 세운 삼각형과 비스듬히 세운 사각형을 구분하게 했는데, 잘 되지 않았습니다. 하지만 5세가 지나면서 명명한 것을 구분하는 확률이 2분의 1에서 3분의 1로 줄어들었습니다.

실험결과 물건과 이름의 관계를 소홀히 하지 않는 부모의 태도가 반영된다면 아이들의 과학적인 사고양식은 잘 형성되는 것임을 알 것입니다.

예를 들면 아이들은 공통적인 말은 "엄마, 이것이 뭐야?"라는 질문을 자주합니다. 이럴 때 엄마가 단순하게 "꽃이다" "공이다"라고 하지 말고 분명하게 "국화꽃이다" "축구공이다"라는 고유이름으로 대답해야만 아이에게 구분능력이 발달되는 것입니다. 그렇지 않으면 어머니가 아이에게 "이게 무엇이지?"라고 거꾸로 묻는 것도 구분능력에 많은 도움이 될 것입니다.

아이의 배움은
시기의 늦고 빠름이 없습니다.

 어떤 부모는 "옆집 4살짜리 아이는 모르는 글자가 없는데, 같은 또래인 내 아이는 글자는커녕 자기 이름도 쓰지 못합니다. 혹시 지능발달이 늦은 것이 아닌지 모르겠습니다가" 라며 걱정하고 있습니다. 이런 부모는 아이에 대해서 모르는 것이 없는 것 같지만, 실은 아무것도 모르고 있는 것입니다.

 아이의 지능발달은 같은 또래일지라도 키와 몸무게가 각기 다른 것처럼 아이들마다 큰 차이가 있습니다. 3살짜리 아이가 어른과 비슷하게 이야기하는 애늙은이가 있기도 하고, 3살이 지나도 사람들의 말을 이해하지 못하는 아이들도 있습니다. 그렇다고 이것을 언어발달이 빠르거나 느린 것이 아닙니다. 물론 발달의 속도를 무시하고 일률적으로 그렇다는 것은 아닙니다.

 아이가 몇 살 때부터 글자나 그림을 가르쳐야 한다는 것보다 현재 아이가 무엇에 흥미를 갖고 있느냐가 관건입니다. 즉 흥미를 갖기 시작할 때 사물을 가르치는 시기라고 생각하면 됩니다. 그래서 빠르다 늦다는 것은 이것과 관계가 없습니다. 다시 말해 아이가 흥미를 느끼는 일을 가르쳐야만 배우려고 한다는 사실을 잊어서는 안 됩니다.

숫자의 활용과 숫자의 크기 비교를 하여 주는 수학지능 계발

식당에서 식사를 해보자

■ 주제 수 개념 확장과 사회적응 지식확장이 되요.

■ 우리 아이 이런 지능이 달라져요

숫자의 활용과 숫자의 크기 비교를 비교하여 더하기에 도움
이 됩니다.

■ 이런 것이 필요해요

천원자리 10장 정도와 만 원

① 주문할 음식에 대하여 메뉴판에서 음식의 가격을 알아봅니다.

② 아이가 고른 음식과 엄마가 고른 음식의 가격을 비교해 봅니다.

③ 만 원으로 주문할 때에 어떤 음식을 몇 가지 주문할 수 있는지에 대해 알아봅니다.

④ 7,000원 짜리 음식 가격만큼 천 원짜리 몇 장이 필요한지 10장을 놓고 7장을 세어보게 합니다.

Point 가장 비싼 음식은 무엇인지와 아이와 엄마가 먹은 음식의 합한 가격에 대해 설명을 합니다.

덧셈과 뺄셈에 빠르게 적응하는 수학능력을 키워주는

물건 던지기 해 볼까요?

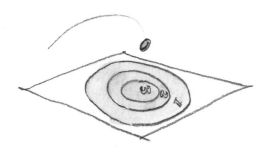

■ 주제 짝수, 홀수에 대한 수와 연산 개념 확장과 운동능력이 발달해요.

■ 우리 아이 이런 지능이 달라져요

    구체적인 물건을 가지고 더하고 빼는 놀이로 덧셈과 뺄셈에
    빠르게 적응하는 놀이중의 하나입니다.

■ 이런 것이 필요해요

    바닥에 던져도 될 작은 물건 여러 개, 원을 그려 놓은 종이(안쪽에 작은 원
    은 3점, 중간 원은 2점, 가까운 바깥원은 1점으로 그린종이)

❶ 바닥에 원과 점수를 그려 놓은 종이를 1~2미터 앞에 놓고 물건을 던져 놓인 점수를 합하여 봅니다.

❷ 몇 점짜리 칸에 몇 개의 물건이 들어갔는지 점수를 합하여 봅니다.

❸ 엄마와 게임을 하며 얻은 물건을 하나씩 빼면서 몇 개가 남았는지 그리고 더 많이 습득했는지 알아봅니다.

Point 더 많다는 것은 어떻게 알 수 있는지를 가르쳐 주고 두 개씩 짝을 지었을 때 남는 것이 없을 때는 짝수, 남는 것이 있는 것은 홀수인 것을 가르쳐 주는 것이 포인트입니다.

수학을 좋아하게 만들려면
바둑에 흥미를 갖도록 하는 것이 좋습니다.

바둑이 9단인 어떤 프로기사는 초등학교에 들어가기 전부터 바둑 애호가인 아버지 덕분에 자연직으로 배웠다고 합니다. 하지만 그는 초등학교에 입학하면서 산수문제는 전혀 풀지 못했습니다.

이것은 그 어떤 사람에게도 일어날 수 있는 일인 것입니다. 바둑은 장기와처럼 유소년기의 아이들에게 매우 적합한 특징을 가지고 있습니다. 즉 유아기의 두뇌는 사물을 분석하거나 구분해서 이해하는 것이 아니라, 전체를 직관적으로 파악하는 것입니다. 그렇기 때문에 바둑돌은 사물에 대한 패턴의식훈련에 가장 적당한 것입니다.

바둑돌은 흑과 백으로 나뉘고 모양이나 두께도 같으며, 바둑판 역시 같은 모양의 번복입니다. 이것이 아이들의 패턴인식훈련에 필요한 이유는 단순함이며, 이 단순한 것들이 모이면서 무한한 패턴이 만들어지기 때문입니다. 무한한 패턴의 변화는 수학의 기초인 정밀한 논리가 들어있습니다. 이런 논리를 무시하고 직관적으로 파악하는 훈련이 필요한 것입니다. 그렇다고 바둑을 잘 둬야 한다는 말이 아니라, 바둑을 잘 두지 못해도 효과를 얻을 수가 있는 것입니다.

계산을 반복시키면
아무리 해도 반복형 지능 밖에
자라지 않습니다.

시중 서점에서 판매되고 있는 초등학생용, 중학생용 반복연습문제가 인기를 얻고 있습니다. 이에 취학 전의 유치원까지 반복연습형식과 테스트형식의 문제를 선호하고 있습니다. 이런 현실에서 어머니들은 교육의 욕이 지속적으로 상향되는 상황에서 이런 교재의 등장은 마땅하다고 할 것입니다. 하지만 이것은 아이의 입장에서 생각할 때 귀찮고, 두뇌발달에는 마이너스를 가져오는 것입니다. 시중에 시판되는 이런 교재는 대부분 유형적인 문제만 출제되었기 때문에 아이들의 머리가 더 이상 발전 될 수가 없습니다.

5~6세의 창의력 지능 능력과 사고력 지능 능력은 상상력과 직관력을 많이 필요로 하는 시기입니다. 사고력 지능능력은 생각하는 힘으로 지각이나 기억에 의해서 모아놓은 것을 각각 연결하여 새로운 작용을 만드는 것이고 창의력 지능능력은 문제 해결능력과 그 과정으로 새로운 해답을 찾아내는 것입니다. 5~6세의 사고력 지능과 창의력 지능 능력을 발달시키기 위해서는 상상력을 키워주고 사물을 잘 관찰 시키고 여러 가지 경험을 풍부하게 시켜 줘야 합니다.

방향과 위치 공간 감각을 길러주는 수학능력 지능계발

빈 우유통을 이용해 보자

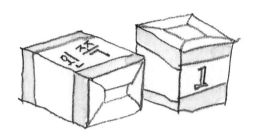

■ 주제 수 개념 확장과 공간 및 도형에 대한 지식확장에 좋아요.

■ 우리 아이 이런 지능이 달라져요

　　위, 아래, 앞, 뒤, 옆의 방향과 위치 공간 감각을 길러줍니다.

■ 이런 것이 필요해요

　　바둑알, 빈 우유 통으로 만든 주사위 2개(하나는 면에 위, 아래, 앞, 뒤, 오른쪽,

　　왼쪽의 글씨를 쓰고 다른 하나는 1~6의 숫자를 적어 놓는다)

❶ 방향이 적혀있는 우유 통을 던져서 방향을 알아봅니다. 오른쪽이 나오면 "오른쪽은 어디일까요?" 하며 아이에게 방향 감각을 가르쳐줍니다.

❷ 이번에는 숫자가 쓰여 있는 우유 통을 던져서 나온 숫자만큼 그 방향에 놓습니다. "앞에 있는 바둑돌은 몇 개일까요?" 하며 숫자 감각을 느끼게 합니다.

❸ 이번에는 빈 우유 통 2개를 한번에 던져서 뒤와 3이 나오면 뒤에 3개를 놓는 방법으로 하면서 나중에는 방향에 놓인 바둑알 개수를 세어보면 다른 방향의 개수와 비교하여 적고 많음을 가르쳐 줍니다.

Point 빈 우유 통은 입구를 접어서 테이프를 붙여서 사용합니다.
놀이를 하면서 엄마는 어느 방향에 있을까요? 아니면 TV는 어느 방향에 있을까요? 하면서 사물의 방향감각을 키워주는 것이 포인트입니다.

수에 대한 흥미를 갖게하는 **수학지능** 계발

손 씻기 해 볼까요?

■ 주제 수 개념, 사회생활 능력이 발달돼요.

■ 우리 아이 이런 지능이 달라져요
　　즐겁게 손을 씻는 태도를 몸에 익히면서 수에 대한 흥미를
　　갖게 합니다.

■ 이런 것이 필요해요
　　손수건, 수돗물

평범한 아이를 위대하게 키우는 엄마의 센스 지능*Up Play*

❶ 세면기에 데려가서 손을 씻을 때 아이가 짜증내지 않고 재미있게 손을 씻도록 엄마가 노래를 불러줍니다.
- 하나, 손을 내밀자. 둘, 물로 씻자. 셋, 비누칠을 하자. 넷, 또 물로 씻자.
- 하나, 손수건을 꺼내자. 둘, 깨끗하게 닦자. 셋, 깨끗해졌는지 잘 보자. 넷, 엄마에게 보여주자. 다섯, 깨끗해져서 기분이 좋아요.

❷ 아이가 손 씻는 법에 익숙해질 때까지 엄마가 씻는 것을 보여주고 설명하며 관찰하게 합니다. 아이는 보고 흉내 내려고 손을 씻게 됩니다.

❸ 세 살 초부터 손 씻는 습관을 붙이면서, 하나 둘 하는 수의 호칭을 귀에 익히게 합니다.

Point 3~4세 때하는 수 지도의 포인트는 자기 몸을 재료로 해서 우선 수에 대한 관심을 높이는 것입니다.

아이의 지능에
강한 자극을 심어주려면 카드놀이를
시켜보면 됩니다.

아이들에게 엎어놓은 카드에서 같은 수의 카드를 맞추는 게임은 인기 있는 놀이 중의 하나입니다. 이때 중요한 것은 어른과 아이가 함께 게임을 하는데, 대부분 아이가 이기게 만들어주는 것입니다. 이런 게임에서 어른들이 놀랄 정도로 아이들의 능력이 번뜩일 것입니다.

다시 말해 어른들은 정해놓은 패턴에 대한 기억방식을 쓰지만, 아이들은 전체배열을 하나의 패턴으로 사용하는 것입니다. 그렇기 때문에 생각보다 반사적으로 패의 위치를 맞추는 것입니다.

이런 동물적이면서 본능적 감각은 성장하면서 다른 지적능력에 밀려서 희박해지겠지만, 이런 종류의 훈련을 충분히 받은 아이라면 뛰어난 직관력과 기억력을 지속할 수가 있을 것입니다.

어른이 이 게임에 몰두하면 신경쇠약에 걸릴 정도가 되지만, 아이들의 두뇌를 강하게 자극할 수가 있습니다. 이런 게임에서 얻어지는 것은 직관적 파악에서 동작이나 행동으로 곧바로 옮겨가는 순발력향상입니다. 또한 분석적으로 낱장카드의 위치를 외우는 것 자체가 두뇌 훈련방법에 효과적입니다.

chapter 4

유아의 시기는
어떤 시기일까요?

3~4세 유아의 특징이 있습니다.

아이가 세 살이 되면, 체형이나 일상의 말과 행동 면에서 아기 티를 완전히 벗어 버리고 자못 어린아이다워집니다. 전신 운동과 손끝 운동이 섬세해지면서 지능도 현저하게 발달해 갑니다.

세 살 버릇 여든까지 간다는 말도 있듯이, 세 살은 인간으로서 제1기의 완성기라고 해도 좋을 것입니다. 일생을 살아가는 데 필요한 기초가 세 살 정도가 되면 거의 완성된다고 합니다.

세 살까지 완성된 기초 위에 서서, 아이는 여섯 살의 학령기를 향하여 몸과 마음 모두 더욱 성숙해지고 더욱 충실해집니다.

그런 의미에서 세 살이라는 시기는 유아로서의 일종의 완성기이고 동시에 개성적인 인생으로서의 출발점이라고도 할 수 있을 것입니다.

다른 연대의 아이들이 진지하지 않다는 것은 아니지만, 난폭하고 말 안 듣고 자기 본위이며 어른들을 곤란하게 하는 두 살짜리에 비하면 세 살 된 아이는 새로운 것이 대한 흥미가 왕성하고 어른이 가르치거나 설명한 것을 진지한 태도로 받아들이며 스스로 해보려고 합니다.

사회성이 생기고 친구들에 대한 관심도 강해지며 차츰 친구들과 협조하여 놀거나 동정심도 나타나게 됩니다.

세 살짜리 아이만큼 가르쳐 준 것에 잘 복종하고 실행하며 시행착오를 되풀이하여 경험을 쌓아 올려서 그 경험을 응용하여 자기의 세계를 힘껏 확장해 가는 나이는 아마 없을 것입니다.

가르치는 사람에게도 이만큼 가르칠 보람이 있는 학생은 없을 것이고, 교육 효과가 상당히 높아 아이와 마음의 연계를 뼈저리게 느끼면서 즐거워하는 사람이 많을 것입니다.

이러한 시기에 엄마로서는 아이에게 신뢰와 존경을 받아 정말로 사랑받는 존재가 될 기회를 놓쳐서는 안 됩니다. 너무 응석을 받아 주지도 말고 너무 엄하게 하지도 말 것이며 아이와의 사이에 일정한 거리를 두고 따뜻한 눈으로 지켜보면서 용기를 가져서 가정 이외의 집단생활에 아이를 내 보내기도 합니다.

그러나 세 살짜리 아이는 반드시 어른이 말하는 대로만 행동하지는 않습니다. 소위 '반항기'의 한가운데에 있는 나이이기도 합니다.

아이는 대개 일에 대해서는 스스로 생각하고 혼자서 행동하게 됩니다. 아이 스스로 의식하든 안 하든 관계없이 자신감에 가득 차 있습니다. 어른도 마찬가지일 것입니다. 새로운 능력을 몸에 익혔을 때에는 그 능력을 시험해 보려는 것이 보통이며 아이는 그런 경향이 한층 강합니다.

세 살 된 아이는 심신의 능력 작용을 마음껏 시도해 보고 싶은 기회를 늘 엿보고 있습니다. 그래서 기회라고 생각되면 재빨리 행동으로 옮깁니다.

그런데 아직 아기라는 의식이 마음 한구석에 남아 있기 때문에 어른은 자칫하면 위험하다거나 안 된다고 하여 금지하거나 억제하기도 합니다.

아이는 욕망을 발산하는 길을 잃게 되어서 마음을 둘 곳을 모르고 자기도 모르게 반항적인 태도가 되어 버리는 것입니다.

네 살이 되어도 소위 '반항'의 경향은 계속됩니다. 지금까지의 경험으로 배우고 마음속에서 자라난 사고방식을 아이는 밖의 세계에서 시도해 보고 싶어 합니다. 자주적으로 행동하여 더욱 새로운 뭔가를 배우고 싶다는 강한 충동을 억제할 수 없습니다. 다시 말해서 매우 의욕적인 나이입니다. 독립심이 풍부하고 자신감이 가득 차 있습니다.

다만 유감스럽게도 네 살 된 아이는 자신만만하긴 하지만 너무 어려 소위 사회 구조, 어른들의 룰을 모릅니다. 그러므로 이때 뭔가를 하려는 아이의 의욕과 사회의 구조, 어른들의 룰은 사사건건 충돌합니다.

아이는 자기의 의욕과 사회 구조와의 모순 속에서 고민하지만 그래도 자아를 밀고 나가려고 합니다. 이런 태도를 매일 접하는 어른은 "정말 반항적이라 곤란해요.", "요새는 손을 댈 수가 없다."라는 식을 푸념을 하게 됩니다.

아이도 반항하고 싶어서 반항하는 것이 아닙니다. 어른에 대한 대항의식이나 저항감, 불안감이 뿌리 깊게 박혀서 반항하는 것이 아닙니다.

세 살 된 아이는 스스로 걷기 시작했다고 생각하면 좋을 것입니다. 모든 잠재 능력이 생생하게 활동을 시작하고 쑥쑥 자라는 때가 그 나이입니다. 사람을 그리워하는, 사교적이며 호기심 덩어리 같은 존재입니다. 그리고 진지합니다.

아이는 뭔가 새로운 것을 만나면 납득이 갈 때까지 질문을 되풀이할 것입니다. 어른들은 자기들의 생각대로 틀 속에 끼워 맞추려고 하다가 대개 당황할 것입니다. 이 시기의 아이는 어른이 생각하는 것보다 훨씬 복잡합니다.

상상력도 풍부해져서 만약 현실에서 원하는 것이 이루어지지 않거나 힘을 발휘하지 못하면 공상 속에서 욕구 불만을 해소하려는 경향이 나타납니다. 현실과 공상이 혼동한 채 깜짝 놀랄 만한 이야기를 자랑삼아 불쑥 이야기하거나 어이없는 일을 저지르는 경우도 자주 일어날 것입니다.

세 살 된 아이는 맹렬하고 활동적이며 활기에 가득 차서 사회화가 빨라집니다.

미국의 유아 발달 연구자인 아놀드 게젤은 그의 저서『유아와 현대문화』속에서 세 살짜리 아이의 특징을 다음과 같이 말하고 있습니다.

"정말 세 살짜리는 다재다능하다. 그 나이에 하지 못하는 일이란 있을 수 있을까. 조용히 할 수도 있고 시끄럽게도 할 수 있다. 차분해질 수도 있고 자신감에 차 있고 이야기를 좋아하며 거만하고 유혹에 잘 넘어가고 게다가 독립심도 있다.

 사교적이며 운동가이자 예술가, 실제적으로 공상가이며 협력적이고 무관심하고, 뭔가 듣고 싶어 하고 솔직하며 또 질기다. 유머러스하고 독단적이며 장난꾸러기고 경쟁적이다."

4~5세 아이의 특징이 있습니다.

다섯 살 된 아이는 부모의 눈에도 많이 컸다고 느낄 만큼 안정감을 심어주고 신뢰할 만합니다. 하는 일 모두 조화와 통일을 이루어 미더워집니다. 대부분의 아이가 부모에게 독립해서 혼자서 해나가려고 합니다.

1년 전까지만 해도 가장 뛰어나다고 자부하고, 신경질이 많고 자기중심적이라서 다루기 어려웠던 아이가 완전히 바뀌어서 얌전해지고 말도 잘 알아들으며 동정 어린 태도를 취하게 됩니다. 조금씩 판단력도 생기고 가정에서 자기의 지위와 능력을 이해하기 시작했기 때문입니다.

어른에게도 협력적이며 엄마를 아주 좋아하게 됩니다.

가정 밖에서도 교제 범위가 넓어져서, 나이에 관계없이 친구로 어울려 사이좋게 놀게 됩니다. 집 안보다 집 밖을 좋아해서 집에서 떨어진 장소에서도 마음 놓고 이리저리 뛰어다니며 놀게 됩니다.

몸도 상당히 성장하여 운동도 활발해지고 복잡한 일도 할 수 있습니다.

일상적인 행동을 활발하다기보다 어수선하다는 인상을 심어줍니다. 불안정해 보이고 사나워지며 어떤 대상에도 전력을 다해 부딪혀 갑니다.

자기 행동을 방해하는 사람이 있으면, 엄마나 친구라도 용서하지 않습니다. 나쁜 말을 하고, 폭력을 써서라도 자기 생각대로 하려 하기 때문에 말썽도 많이 부리고 주위 사람들과 분쟁이 많아집니다.

버릇이 나빠지고 상냥함과 수줍음, 동정심은 완전히 모습을 감추어서 오히려 건방지고 자기 중심적입니다.

또 다루기 힘든 나이라고 말할 수 있습니다. 기분파여서 기분이 좋을 때와 나쁠 때의 차가 크고, 기분이 좋을 때는 어른의 말을 잘 듣는 아이지만, 일단 기분이 나빠지면 애를 먹입니다.

그러나 이러한 혼란을 넘어서면 이제 소년이 되어 안정감을 보이고 듬직해집니다.

지적, 사회적 능력의 발달 시기입니다.

 아직 어린 4~5 살짜리 아이도 사회의 일원으로서 행동하려고 노력하기 시작합니다. 적극적으로 바깥 세계와 관계를 가지고 싶어하고, 가족 이외의 사람과 사귀는 것을 즐거워합니다. 어른들이 자기를 어떻게 평가하고 있는지 궁금해하며 묻기도 합니다. 스스로는 어른이 된 듯이 느낌이지만, 아직도 마음은 어린아이 그대로입니다.

 이 시기는 단순히 유아기의 연장이 아니라 바로 아동기로의 출발점인 것입니다.

수학 지능 능력은
얼마나 성장해 있을까요?

유아의 수 의식은 꽤 일찍부터 싹틉니다. 20개월 무렵이면 이미 수를 하나 둘 셋 말할 수 있는 정도가 됩니다.

그러나 수를 말한다고 해서 수를 이해하고 있다고는 말할 수 없습니다. 수를 말하는 힘과 수를 세는 능력이 반드시 일치한다고는 할 수 없습니다.

수를 50까지 노래하듯이 말할 수 있는 여섯 살 된 아이에게 "열세 개의 작은 돌을 손으로 한 개씩 세어 보세요."라고 시켜 보면 하지 못하는 경우도 있습니다.

수를 말할 수 있고 아무리 많이 기억하고 있어도 실제로 구체적인 물건에 이용하지 않으면 수를 이해했다고, 수를 얼마까지 셀 수 있다고 말한 수 없습니다.

열세 개의 실제 물건(바둑알, 나무 블록 등) 중에서 열 개를 한 개씩 정확히 구분할 수 있으면 다섯 살 아이의 표준적인 수 능력을 가지고 있다고 말할 수 있습니다.

열세 개의 실제 물건을 손가락으로 집어서 똑바로 셀 수 있으면 여섯 살의 표준 수 능력을 가진 아이라고 볼 수 있습니다.

다섯 살은 열까지, 여섯 살은 열셋까지 셀 수 있으면 정상적인 발달을 하고 있다고 생각해도 좋습니다.

수 능력의 내용에는 수, 양, 도형, 공간의 네 가지 분야가 있습니다.

먼저 수라는 것은 귤 혹은 사과와 같이 물건 집합의 다소를 하나 둘 셋 하고 분류할 수 있는 양(분리 양)입니다.

한 개씩 분류할 수 있는 물건의 집합의 크기로 나타내는 것이라고 할 수 있습니다.

여기에는 다음과 같은 것이 포함됩니다.

① 수 읽기 : 하나 둘 셋……과 같이 수를 바른 순서로 말할 수 있다.

② 수 세기 : 물건과 수를 정확히 하나씩 대응시키며 셀 수 있다.

③ 집합수 : 모두 몇 개 있는지 정확히 말할 수 있다. 세고 난 마지막 숫자가 그 전부의 개수라는 것을 이해한다.

④ 다소 판단 : 수의 크고 작은 것을 안다.

⑤ 순서 : 앞에서 몇 번째, 뒤에서 몇 번째, 오른쪽에서 몇 번째와 같이 순서를 이해할 수 있다.

⑥ 숫자 읽기 : 일 이 삼……하고 읽을 수 있다. 대여섯 살이면 12~13까지 읽을 수 있다.

⑦ 숫자쓰기 : 1, 2, 3……의 숫자를 쓸 수 있다. 학교 들어가기 전에는 쓰지 못해도 읽을 수 있으면 걱정하지 않아도 된다.

⑧ 더하기 : 두 개와 세 개로 다섯 개가 된다는 식의 더하기를 할 수 있다. 대여섯 살 정도면 합친 수가 열 개까지 되는 더하기는 실제 물건을 쓰면 할 수 있다.

⑨ 빼기 : 다섯 개에서 두 개를 없애면 세 개가 된다는 빼기를 할 수 있다. 대여섯 살이면 실제 물건으로 10이내의 빼기를 할 수 있다.

대부분의 아이들은 20까지의 수를 말할 수 있으나, 그에 따르는 계산을 할 수 없습니다. 그래도 100가지의 계산 능력을 배워야 합니다.

양이라는 것은 우유나 주스 등 액체의 다소, 종이의 대소, 선의 길이 등 연속적으로 증감하는 양(연속 양)을 말합니다. 이것에는 다음과 같은 것이 있습니다.

① **길이** : 연필과 끈의 길고 짧음

② **넓이** : 교실과 마당의 넓고 좁음

③ **높이** : 건물과 산의 높고 낮음

④ **부피** : 우유와 주스의 많고 적음

⑤ **깊이** : 강과 바다의 깊고 얕음

⑥ **두께** : 책과 노트 등의 두껍고 얇음

⑦ **빠르기** : 비행기와 자동차의 빠르고 느림

⑧ **시간** : 일어나서 잘 때까지의 시간과 그 경과, 시계 읽기

⑨무게 : 코끼리와 다람쥐의 무겁고 가벼움

도형은 물건의 모양입니다. 블록이나 찰흙 세공 등의 모양에는 평면적인 것(평면 도형)과 입체적인 것(입체 도형)이 있습니다. 정식 명칭은 사용하지 않아도 좋습니다.

①평면 도형 : 삼각형, 사각형, 원, 마름모꼴, 사다리꼴, 닫힌도형, 열린도형, 각, 진선, 곡선 등

②입체 도형 : 구, 원기둥, 정육면체, 평평한 면, 곡면, 면과 면의 연결, 닫힌 면, 구멍이 뚫린 면 등

공간은 방향과 위치 관계를 말합니다. 속과 겉, 앞과 뒤, 위와 아래, 왼쪽과 오른쪽, 멀고 가까움, 동서남북,

이상이 4~5살 아이에 관련된 수학지능은 아이에 따라서 더 빠를수도 있고 늦을 수도 있습니다.

언어 능력발달은
어디까지 왔을까요?

언어에는 말하기와 쓰기 두 가지가 있는데, 4~5 살이 되면 언어 능력을 대충 다 체득하여 일상 생활에서 조금도 곤란을 느끼지 않게 됩니다.

이 시기에는 될 수 있는 대로 언어의 사회적 기능을 많이 경험시키고 희망이나 의견, 감정을 태도가 아닌 말로서 표현할 수 있도록 가르쳐 줍니다.

주위 어른이 바르고 명확한 말을 자주 걸어주고 시간을 들여서 아이의 이야기를 들어주어 이야기하는 즐거움을 맛보게 하여, 좀더 정확하고 좀더 정밀하고 좀더 아름답고 좀더 풍부한 표현이 몸에 배이도록 도와주어야 합니다.

여섯 살이 되면 말이 훨씬 진보합니다. 5,000단어는 이해합니다. 그러나 이야기할 때에 자유로이 사용할 수 있는 단어는 2,000단어 정도입니다.

공격적인 말이나 과장된 표현을 자주 쓰며 큰소리로 말합니다. 작은 소리로 이야기하거나 책을 묵독하는 일은 잘 못합니다. 속어나 비속어를 좋아하여 자주 쓰는 경향도 있습니다.

 말을 기능 면에서 분류하면 자기 중심적인 말과 커뮤니케이션의 말 두 가지로 크게 나누어집니다.

 4~5 살 된 아이의 절반 이상은 자기중심적인 말을 사용하지만, 여섯 살이 되면 반수 가까이의 아이들이 자기 중심적인 말을 졸업하고 사회화된 커뮤니케이션의 말로 발달해 갑니다.

 4~5 살의 이이가 친구들과 대화하며 놀고 있는 모습을 잘 보면 서로 상대의 이야기 내용을 똑바로 듣고 이해하면서 대꾸하는 것이 아니라, 자기 혼자 제멋대로 이야기하는 경우가 많은 것을 볼 수 있습니다.

 그러나 4~5 아이에게는 아직 글씨를 강제로 가르치지 않아도 괜찮습니다. 어디가지나 '듣는 것' 과 '말하는 것' 이 기본입니다.

 만약 글씨에 흥미를 느낀다면 가르쳐도 괜찮으며, 듣고 말하는 능력이 발전해서 문자와 말이 결합될 수 있도록 가르칠 필요가 있습니다.

 주위의 어른이 책을 읽어주어서 아이가 글과 친해질 기회를 많이 만들어주면 자연히 글씨에 대한 관심이 높아집니다.

지각지능능력은
얼마나 발달해 있을까요?

어른은 사물을 보면 사물의 모습을 있는 그대로 받아들일 수 있습니다. 색과 모양의 좋고 싫음은 별도로 하고 그대로 수월하게 받아들입니다.

그러나 아이에게는 사물의 모습이 인간의 얼굴이나 형태 혹은 행동으로 보입니다. 어느 집은 이상한 얼굴로 보이고, 어느 집은 재미있는 표정을 하고 있다고 지각합니다. 비스듬히 써 있는 숫자 5를 보고 사람이 휴식하고 있다고 지각하며, 똑바로 써 있는 6이란 글씨를 보면 천천히 걷고 있는 중이라고 생각해 버립니다.

무엇이든 인간의 얼굴이나 형태 혹은 행동으로 연결하여 지각하기 때문에 심리학에서는 '상모적 지각' 이라고 부르고 있습니다.

4~5 살이 지나면 이러한 아이다운 특징은 점차 줄어들고 약해져서, 객관적으로 있는 그대로를 지각하게 됩니다.

아이는 생물과 무생물을 구별하지 못합니다. 모든 사물이 자기처럼 마음을 가지고 있다고 생각합니다. 나이가 많아짐에 따라 움직이는 것, 더 나아가 자기 힘으로 움직일 수 있는 것만 인정합니다.

공상과 현실을 구별할 수 있는 힘은 다섯 살 정도부터 발달하여 열 살쯤 되면 이 둘을 구별하여 지각할 수 있게 됩니다.

다섯 살 된 아이에게 정육면체의 그림을 보여주고 똑같이 그리라고 시키면 아이는 정사각형 세 개를 그려 버립니다. 원근이나 각부분의 관계를 정확하게 지각할 수 없는 것입니다.

그러나 여섯 살이 되면 여러 가지 대상에 대한 지각이 차차 정확해져서 객관적으로 파악하게 되고 추상적인 기하도형의 변별력도 높은 수준에 도달합니다.

몇 종류의 도형의 크기나 방향을 판단하여, 같은 모양인지 다른 모양인지 지각할 수 있는 관찰력, 구성력도 발달하게 됩니다. 추상적인 기하 도형 뿐만 아니라 그림이나 무늬 등의 변별력, 관찰력도 발달합니다.

도형의 크기, 방향을 판단하여 여러 가지로 조합해서 다른 모양으로 구성하는 힘, 도형을 분할하여 다른 모양을 만드는 힘도 커져 갑니다.